本书惠承

乐俊民严赛虹基金会赞助出版

2024年9月 第3期，总第15期

纽约一行

First Line New York
Quarterly Literary Magazine

《纽约一行》杂志编辑委员会

纽约一行
文艺季刊
First Line New York
Quarterly Literary Magazine

主编：严力

纽约一行杂志编辑委员会：
  王渝 邱辛晔 冰果 张耳 曹莉 程奇逢 严力
  于捷（摄影编辑）

翻译部： 梅丹理 张耳 楚鸿 李玉然

项目经理： 章清

艺术作品和插图：岛子（纽约） 曾昭满（纽约） 李玉英（纽约）
       于捷（北京） 李云枫（北京） 许德民（上海）
       罗青（台北） 罗海芳（纽约） 魏薇（纽约）
       严力（纽约） 朱瑜明（西雅图）

责任编辑： 冰寒
封 底 图： 许德民（上海）
美编设计： 王昌华
出   版： 易文出版社

Copyright © 2024 by First Line New York.
All rights reserved.
No part of this book may be reproduced in any form or by any electronic or mechanical means, including information storage and retrieval systems, without permission in writing from the publisher. The only exception is by a reviewer, who may quote short excerpts in review.

作品内容受国际知识产权公约保护，版权所有，侵权必究

目　录

现代诗选

皮旦（安徽） 3
　　热　风
　　灯

雷格（北京） 5
　　褊躁的人：登陈子昂读书台有感
　　陌生的人：谒海子墓
　　柿红院试饮江东醇

楚鸿（纽约） 8
　　醒　来

农子（内蒙古） 9
　　生　命
　　人　民

水小莲（兰州） 11
　　我偷偷留下了原件

黄小线（南宁） 13
　　不生忧
　　空的生活修为
　　忘言案卷

乌鸦丁（湖州） 16
　　下　午
　　我在黑暗中穿过田野

文蓉（新泽西）..19
　　情　书
　　车渡过被淹的路
　　夜有雨适合观碑帖

唐月（包头）..22
　　哑　语
　　答　案
　　随　缘

祁连山（上海）..24
　　寂
　　热
　　意

李玉英（纽约）..27
　　麦　粒

印子君（成都）..29
　　穿越钢琴（组诗）

庄晓明（扬州）..36
　　古典音乐四首

冰弦（加拿大）..45
　　微　小

云中雀（加州）..46
　　蚯　蚓
　　六月，苹果树

邱辛晔（纽约）..48
　　艰难的友情
　　江　湖

步姿(苏州) 50
 爱情的香味
 我喜欢一种表情

寒山老藤(纽约) 52
 此刻光线刚好

Cayer(成都) 53
 夏之雨

思静夜(武汉) 54
 冬夜的雨
 幻·界

湖边(加拿大) 57
 时间是花开

Vivian雯(纽约) 58
 八月未果

唐曼(湖南) 59
 静煮时光

柳扬(明尼阿波利斯) 60
 龙
 虎

大舒舒(上海) 62
 我只想知道丧钟为谁而鸣

成蹊(北京) 63
 以防万一
 赞 美

张溪润（青岛） 65
　　稻　田
　　儿童节对女儿说

朱凌波(大连) 67
　　一个人的篮球

海默（西双版纳） 68
　　父亲的背影
　　陪父亲喝酒
　　父亲的头顶

深雪（日本） 70
　　夜　景
　　春　夜

曾昭满（纽约） 72
　　哈德逊河谷
　　纽约之晨

吴涛（山西） 75
　　戏　台
　　画火车
　　南　墙

陆渔（上海） 77
　　重　逢

叶匡政（北京） 78
　　老狼，老狼，几点了？——献给逝去的 10 年

鞠小夫（德国） 88
　　沉默烟火——献给拉赫玛尼诺夫
　　舞曲——献给肖邦
　　瞬间的忧郁——献给波德莱尔

严力（纽约） 93
　　中秋抬头节
　　口香糖一组

汉诗英译

美国华语诗人双语作品选
Selected Poems of American Chinese Poets 99
　　At a Window
　　Suppose That…
　　The River of Passing Time
　　Snowfall Is a Time of Redemption
　　Lone Cloud over New York
　　Answer
　　Don't
　　I Want to Live within Flames
　　I Like the Look of You Lying on Your Side
　　On a Ferry Ride
　　Beneath the Setting Sun
　　Mistakes
　　Absurdist Theater Piece 10
　　Going Far Away
　　WAR HORSE— The Film that Told Its Story
　　When Ashamed, Fall down on the Street
　　Hidden Corrosion
　　Return
　　In the Beating Heart of Autumn
　　Black Lasso
　　A Shoe Waiting to Go Outside
　　The Crucial Parts of a Living Thing
　　Flying

诗人问答

答编辑部问 127

对话:"创造之手的传递" 146

散文随笔

夜读三记　思静夜(武汉) 159

观 云　山橘(成都) 163

旧作钩沉　辛晔(纽约) 165

苏格兰旅行笔记　庭柯(纽约) 169

原初之途　曾昭满(纽约) 175

本期艺术家

岛子(纽约)　曾昭满(纽约)　李玉英(纽约)　罗青(台北)

于捷(北京)　李云枫(北京)　许德民(上海)　罗海芳(纽约)

魏薇(纽约)　朱瑜明(西雅图)　严力(纽约)

现代诗选

岛子作品 "苦竹,流泪谷" 水墨,69x36cm. 2020

皮旦（安徽）

热　风

走在热风里
想起鲁迅先生
用过热风这个词
他当然在热风里走过
想起他还用过
呐喊这个词
这时我还走在热风里
我不好意思说
我在呐喊里走过
如果有一天走在呐喊里
并且好意思说出来
那一天我会说
走在呐喊里
想起鲁迅先生
用过呐喊这个词
他当然在呐喊里走过
想起他还用过
热风这个词
这时我还走在呐喊里

2024.7.21

灯

有的灯,一年也用不几次
特别客厅的灯
一半以上成了摆设
这是说我的灯
我对光的看法依然
有不少复杂成分
灯并不是光,棺材并不是尸体
这个比喻太差
等我想到好的把它换掉
就像换掉毁坏的灯泡
有一年,除夕快到了
我慌忙往梯子上爬
想着电真是个奇迹

2024.7.2

雷格（北京）

褊躁的人：登陈子昂读书台有感

天性即命运：这个世界
就不是为褊躁的人设计的。
任何仰望的姿态都注定
得不到照拂，岂止是

不够自然，简直辱没了自然，
也混淆了天光与圣恩。
倾尽家产，也救不得一命。
倾尽才华，也救不得一世。

不，命运有另外的安排：登临。
酩酊的登临，悲愤的登临，
或者牛毛细雨中满含悔意的
登临。褊躁的人，你此时回头

就会看见一脉涪水之上
苍莽的群峰；你的目光齐平于
事物的顶端，掠过了
感时、忧国和圣贤的教诲，

而望入深湛的悠悠。悠悠
就是你的涕泪：一个甲子之后
还会有另一个褊躁的人前来，
在荒草和涕泪中间，策杖登临。

2022.11.15

陌生的人：谒海子墓

陌生人，我年轻的僭主，
读过你的每一行诗，仍然惊奇于
你故乡的风物：阳光的确
打在地上，大朵的荷花像饥饿的碗

在水上漂摆，细细的草
像绿色的雨丝从土里长出。
陌生人，理解你所说的幸福
并不意味拥有你的疼痛，

你王位上的忧愁，失败的预感
和血液的温度。陌生人，
你曾眼望诸神，看得见
他们的淫乱，他们高超的平衡术；

你一去不回头，就听不见
叛乱的声音同样出现在
叛军内部。不奢望你凄凉的祝福，
陌生人，我年轻的僭主，

在你故乡击打灵魂的阳光下
还是做个本分的陌生人，
紧赶两步，追上那
向你的墓碑迤逦行进的昂奋的队伍。

2023.7

柿红院试饮江东醇

对于你们这些
一度迷恋秘密的人来说,
从酒中祛除杂质
和让部落的方言纯净
或许分享了同一条秘密通道,
而秘密的酸酯平衡
又常对应心酸和不平,
薄酒一杯,自有它的醇厚。
至于喝假酒吐真言
则属于另外一种秘密;
说真的,还是这世界更假:
哪一次酩酊不是
你们越喧嚷万古越寂寞,
旧的爱恋又唤出新愁;
哪一次酩酊不是
用你们自己的摇摇晃晃
让它的根柢看上去也摇晃了几分。

2023.6.14

楚鸿（纽约）

醒 来

在冲天树干上的巢穴中
醒来
在玻璃罩面的钢塔围观中
醒来
在申江水冲不散的雾霭里
醒来
在病妖目光通红的守视下
醒来

它无处可藏与我瞪眼相向
都想用第一眼的凌厉逼退对方

在竖立的水泥集装箱里
醒来
在铲平的山干涸的湖间
醒来
在暴雪封城和山火浓烟里
醒来
在上帝和佛祖的争执中
醒来

我听见有人张嘴叹口气
看见有人睁眼重新闭上

2023.4

农子（内蒙古）

生 命

当我想起一滴水的比喻时
却悲哀地发现，它正从云朵
飘浮的诗意中失足

在泥沙俱下的河流，一滴水
无法拒绝上游，随意的唾沫
无奈的花瓣、落叶，以及遗弃的垃圾
它也曾，随着鱼儿跃出水面
又被浪的手轻轻捉住
随波逐流的日子里，无法成为
露珠、檐雨，甚至美人的泪滴
积攒起经年的委屈，也酿不成一场淋漓的雨

而我一直，在寻找一个理由
表达对生活颂词般的感激

人 民

他们的谦卑是骨头里的
他们低眉顺眼,小心地绕过,招牌上
随处可见的一个词。甚至,都不用绕过
他们一直认为,那个词,说的是另外一些人
更多的时候,他们自称老百姓
受苦人,刨食的。偶尔心情好时
还会修饰一下,变成小老百姓
穷受苦人,刨一爪子吃一口
这样说时,并没带丁点儿情绪
或者情感色彩。就像出门去
套一件洗净的旧衣服,得体而舒服
这些年,出现了一些新词,如草根
打工者,弱势群体等,他们坦然接受
像接过邻居递来的一支烟,顺手夹在耳后
诸如低收入人群,留守老人儿童,失足妇女
讨薪者,上访者,下岗职工等等
会让他们内心一疼,旋即平复
像一根针,扎了一下命运的流水。他们认命
我是闲得没事时,翻一下发黄的历史书
有时在揭竿这个词汇后面
晃动着一群模糊的身影。让我心惊的是
这些人,居然把当皇帝的心事,藏得那么深

水小莲（兰州）

我偷偷留下了原件

她打开她寂寞的嘴巴
开始说话，莫名其妙的语言
哗哗地，偶尔一个停顿
然后又哗哗地

我望着她好久没有人望过的
寂寞而忧郁的眼睛——
石壁一样冰凉而湿气弥漫
那眼底储存着她昨夜的泪水

她说起一个人的好与
不好。她说起她的一段
罗曼蒂克，她说的是火焰
与寒冰

最后她说，我知道
现在你也加入他的队伍
接受他的部队以及他暂时
还死不掉的热情

你需要配合我，把他
关在门外，把他绑死
用一张纸，她说着
拿出一张奇怪的复印件

我不知道怎么拒绝
也不知该如何栓死
只是乘她不备,偷偷留下了
复印件背后的原件

罗青作品 "刺刀巢中生飞翔" 纸上作品,2023

黄小线（南宁）

不生忧

在城郊矮坡上，我见过一只蝴蝶的慌张
它飞翔的姿势很美，但其实它在快速逃向别处

我突然意识到世上还有那么多天使
她们孤单，敏感，多疑
随时准备着翅膀

我们爱着的人，曾经也是那样的天使
为了更好地和我们拥抱
已经把翅膀归还给了她们的母亲

空的生活修为

明月在天空行走,同时也在水里游着
一种事物有两种活法,不是世间多了一个秩序
而是我产生了不止一种想法

阵雨刚过,像是想把明月叫回去
但没有成功。我走过的池塘边上嫩草被淋湿
晚风抚摸着虫子的叫声

我获得安静,不动声色的安静
像是混沌孕育出的大道,废墟上开出的小花

明月还在布道,它的光又轻又白
不会伤害任何事物

忘言案卷

傍晚六点已过,夕光落在坟茔的左侧
想必你很惊讶,我会来看你
是的,我们小时候并没有这样的约定
甚至从未想过会有一个人先离开

我什么都没带,没有纸钱烧给你
没有肉,没有水果
我们一起抽烟吧

这几年世道越来越不好了
有时我也羡慕你,这么早就脱离苦海

但你短暂的一生,和他人漫长的一生
所遭受的苦却一样多

乌鸦丁（湖州）

下　午

"回忆是一个人不可或缺的部分
我们不可能再回去了。"
——这是格林娜太太写在日记本
扉页上的一段文字。
这是一个下午，她又深陷于
过去的蓝色梦境之中……她的面前
阳台上，一枝花打开了它的第三个花瓣。
这些她全然不知道。
路过的第一个人说：那是月季。
第二个人说：应该是玫瑰。
而我坐在对面的阳台上
想着她年轻时候，也是一个下午，她的父亲
从很远的地方归来
送给她一架老式的钢琴。
我想起她一双深蓝色的眼睛，忽闪闪忽闪闪的。
现在很久没见了。

我在黑暗中穿过田野

整个六月需要一场滂沱大雨
来浇灌大地这只
正在升温的蒸笼。

堆积木的游戏越演越烈。一边是居民楼
一边是墓区。
在夜晚,它们看上去没什么区别。
夜行货车从中间穿过。

它的颠簸和轰鸣声
仿佛一再提醒,活着就是在不断纠正行走的方向
不断地练习和掌握
一门特独的技艺。

在田野尽头,寂静
犹如花朵盛开,用沉默回答一切。

许德民作品 "纸墨春秋·亡泊启湖" 水墨综合材料 190x150cm. 2010

文蓉（新泽西）

情 书

我们
越来越薄，一页纸贴着另一页纸活
此页蜿蜒而彼页直遡荒古：
"世界新生伊始
许多事物还没有名字
……"
我们
寄居山海经中
逐江放牧，与所有不具名的动物比邻，分享春韭与
秋菱角
那么多经过我们的手而永远活下来的比如
茅屋、竹篱，南山下的菊花
在某一场梦里聚拢
一页又一页
多数的空白是我们尚在沉默之中
而白描
流畅，干净，不具体
几树花下，谁
都有专属的无名之著

车渡过被淹的路

四个轮子也可以为桨
这条必经之路,除非回头
前方有河泛起波澜
它曾经是一条坦途,现在我们被困渡口
或者等来一位撑杆的僧者
但他有所求
要把毕生精学悉数传授
我们皮囊
塞满石头与荒诞
但我们都曾天真
曾在荡漾的波纹上抛出一颗颗石头
抛出一个个为什么
那时我们轻盈如云倘若有浩荡汪洋拦路
也必有不系之舟
车需渡过这短暂的河流
河床下的道路是你我肉身

夜有雨适合观碑帖

在一本过气的故宫日历里
发现那年九月
久远的秋天
有玄静先生碑帖可观摩
历史从来有迹可寻,就像你笑过
痕迹可能在某些潜意识里
和碑帖中的"一"一样,值得反复琢磨
长长的横,有回旋的利刃
细见堤岸、江渚,
江水和缓
足够养育我们的衣食、心性、豪迈诗情
江天一色
一横回转,我们都活在了人间

唐月（包头）

哑　语

允许百合合上
眼睛和嘴巴
允许它把仅有的一丝香气留给
唯一的自己
沉默从来不是利器，尽管
我一度为其所伤
也不止一次拿它当礼物相赠，给一度失声的
母语，给纸上破碎的旧山河
一切都过去了，我不转身，不回眸，除非
杏仁在一首诗中
数尽它的苦涩，沙葱在盘子里扎下根
并随手递上
久违的春

答 案

对于一个自由的灵魂来说，笼子
大概只是件镂空披风
如果它想飞，骑着扫把都可以
扫遍大地和天空，当然，我指的是
在梦中，而我们
一直醒着，这是蝼蚁的问题，也是
神的回答

随 缘

夜半，猫在屋顶走动，碰落了
一地月光
声音半明半暗
里边有灰尘。我已不想
拾掇什么
手不在身上，脚不在鞋里，虽然
指纹和脚印一直在
触摸失眠的神经
随它去吧。你听，风多香
花多沉默。大家都是过客，说好了
不送

祁连山（上海）

寂

音乐和天文是我唯一的诗歌练习
忽高、忽高、忽低
忽低、忽高、忽低
这是一种没有进制的韵律
白洞和黑洞紧紧相贴、深拥、热吻、爆裂——
没有经过时间
只一个宇宙的合眼
现在黑洞在白、白洞在黑、凝结、泛光、化雪
无数的色彩翻飞了无数遍
下个瞬间——
它们各自远离了彼此
一切似乎从未发生

2023.09.07

热

《寂》是读透我诗的唯一办法
经常我自己
也得把它翻出来读上两遍
这是我铸成的钥匙
安置在宇宙的正中心
虽然它打不开世上任何一扇门
因为它比宇宙更庞大
而且它会说话
如果有人看向它
它还会发光
虽然这光
来自极久以后的未来
远到没有史料能够记载

2023.09.07

意

于是你在想爱是什么
于是我也正好在想什么是爱
于是我们交汇
于是这场旷日持久的谬误开始

2024.01.10

于捷作品 摄影：探视与被探视

李玉英（纽约）

麦 粒

那时
我以为有
像天使般的翅膀
那时
我以为
那些是我的羁绊
那时
我以为在飞翔
那时
天空是我的家乡
那时
我以为能跟上天使的飞翔
那时
我是一只小麻雀

如今
我在地底下
泥土是我的家
我在消化
在黑暗中分解了我的恐惧
被虫噬食了我的自大
被掩埋了我的虚荣
分化
不能动
停留

翅膀脱离了我
隐形在半空中
我知道
这地底下
才是我的出生
是真实的存在
虽在黑暗中
正在分化重组
另一种生命
在形成
是灵的谷物
是那一粒掉在地下的麦子
带我回到家乡

2024.6.21

李玉英作品 一粒麦子，45x50cm，纸上水墨，2024

印子君（成都）

穿越钢琴（组诗）

钢琴

白天变成了钢琴的白键
黑夜变成了钢琴的黑键
一台钢琴在用黑白认识一个人
一台钢琴在用黑白理解一首曲

钢琴不喜欢在高音区尖叫
钢琴不喜欢在低音区叹息
真正的钢琴把音量藏得很深
真正的钢琴都应该是男中音

为了守护五十二个秘密
钢琴一生都在不断放弃
为了等待一场漫天大雪
钢琴穿越三十六个黑夜

四十四年的沉默打造我
把我打造成一台古老的钢琴
四十四年的孤独谱写我
把我谱写成一首忧郁的乐曲

我的沉默是一台钢琴的沉默
我的孤独是一首乐曲的孤独

谁能把沉默弹出天空的高远
谁能把孤独弹出大海的辽阔

注：现代钢琴是 88 个键，其中 52 个白键，36 个黑键。

魏薇，《牛津撑篙码头 Punt Wharf at Oxford》
纸上作品 14 x 10inches. 2024

钢琴之夜

钢琴坐着在弹,夜晚站着在听
这是一个空无一人的黑色大厅

没有钢琴,这个夜晚就是哑巴
万语千言都成为了唧唧的虫鸣

没有钢琴,这个夜晚就是瞎子
即使满天星斗,也睁不开眼睛

钢琴倾诉时,最讨厌人自作聪明
钢琴发现,夜晚才是唯一的知音

如果钢琴,把自己弹成了高山
夜晚就是一条通往山顶的路径

如果钢琴,把自己弹成了流水
夜晚就是那荡漾在水面的光影

通过弹奏,钢琴离人类越来越远
通过弹奏,钢琴离夜晚越来越近

钢琴在弹奏中,渐渐进入夜晚内心
所有琴声都是挂在夜晚脸上的泪痕

钢琴坐着在弹,夜晚站着在听
钢琴把一个夜晚弹得月白风清

钢琴在搬运天空

天空的重量，鸟不知道，风不知道
只有钢琴知道，只有钢琴可以
把天空一点点搬运，把天空搬得
越来越轻，越来越薄，也越来越蓝
天空太重了，堆积着大块大块的乌云
乌云堆成了一座座耸立的山峰
把天空压得喘不过气，翻不过身
常常累得头晕目眩，忍不住哭泣
掉下的泪水湿透了大地的心
钢琴面对天空，总是露出宽大的键盘
不停跳动着白键和黑键，直到所有
白键和黑键打开翅膀，高高飞翔
这时，白键就是一群飞过天空的白鸽
这时，黑键就是一群飞过天空的乌鸦
钢琴搬运天空，用白鸽搬走白云
钢琴搬运天空，用乌鸦搬走乌云
被搬运过后，天空才是真正的天空
而真正的天空没有雷霆，蓝得天真

世纪钢琴曲

发声会泄露发育,所以世纪的嗓门
总是关得很严,不是随时都可以打开
更多时候,找不到钥匙的我们
不过是一群彻头彻尾的门外汉
白痴般望着世纪那张宽大无比的脸

当钢琴在某个深夜突然响起
世纪才意识到自己无处逃避
钢琴的道路,就是一个世纪
最漫长最狭窄又最危险的道路
所以钢琴的一生都在走钢丝

世纪可以平庸,可以跛脚前行
但绝不能没有自己音乐的耳朵
而音乐的博大,可以原谅一切
听吧,钢丝上传来了轻轻的脚步声
那是一首无与伦比的世纪钢琴曲

钢琴女人

一个女人在为钢琴哭泣
她用弹奏钢琴的指头,将泪珠
从脸上弹掉,像掸去多余的灰尘

一个女人在为钢琴哭泣
她垂下的长发,是永不枯竭的瀑布
在键盘上流淌,流得波澜不惊

一个女人在为钢琴哭泣
她坐在月光里,身体微微浮动
所有的乐曲都热得发冷

一个女人在为钢琴哭泣
她不能让一场演奏成为一次掩埋
因为一台钢琴不是一座坟

一个女人在为钢琴哭泣
她虽然捧着一颗破碎不堪的心
却为世界珍藏着最后的倾听

一个女人在为钢琴哭泣
她知道,钢琴一直活在梦中
实在不忍心把他叫醒

一个女人在为钢琴哭泣
又始终不让自己的哭声被听见
如果钢琴哭起来,会要了她的命

一个女人在为钢琴哭泣
她不得不离开琴房，远走他乡
留下钢琴孤苦伶仃

一个女人在为钢琴哭泣
她哭自己不是李斯特，肖邦，贝多芬
却让钢琴经年累月，地老天荒地等

严力作品 状态一

庄晓明（扬州）

古典音乐四首

巴赫：《G弦上的咏叹调》

"所有音乐的目的
及其始终不变的动机
除了赞颂上帝，纯洁灵魂之外
没有别的"

你，巴赫，这样说
谁都没有异议
上帝，在你的音乐中现身
我们都看见了

但是，巴赫，请原谅
我并不信仰上帝
只是热爱你的音乐
信仰你的虔诚
上帝，就在G弦
天国，就在G弦
下沉到苦难的人间
滑行到人类时间之前
但总在G弦

请原谅，巴赫
我跳不脱自己的深渊
G 弦上的抒情
无法引导我上升

请原谅，巴赫
我是如此混乱
幸存的一丝纯洁
挣扎于自己的原罪

只是紧紧攥住你的 G 弦
钟摆一般晃荡
在虚无的深渊

莫扎特：《安魂曲》

主！请赐给他们永远的安息
并以永远的光辉照耀他们

莫扎特
你的尸骨被抛入荒地
泥土里轮转
你的灵魂如何安息
莫扎特
你的音乐总在流动
你的灵魂如何安息

尘寰将在烈火中熔化
那日子才是天主震怒之日

莫扎特
你屈辱于命运的不断放逐

男仆居上座，你的位置
列于厨师之上
为什么？你的音乐
总那么清澈

号角响彻四方
墓穴中的已死众生
都将被逼走向主的台前
受造的都要复活

莫扎特
你在你的音乐中复活
已无数次复活

主,时间,万物
皆是你的密友,邻居
居住于你的一首首乐曲

慈悲的耶稣,请你怀念
你曾为我降来人间

莫扎特
你4岁弹琴,6岁作曲
8岁写下第一首交响曲
歌德说,像莫扎特这样的现象
是无从解释的

可是,慈悲的主
你为何早早收回了
赐予人间的礼物

主!愿永远的光辉照耀他们
使他们永远与主的圣人为伍

莫扎特
天国不在天上
而在人间
因为你的音乐漫游在人间

莫扎特
柴可夫斯基称你为音乐的基督
他的心灰意冷,精神混乱
由此寻得了安慰
他是替我们全体表达了感激

罗海芳作品 人物之一

舒伯特：《菩提树》

舒伯特
与你相遇后
便不能分开了
因为，你的《菩提树》里
有一个共同的故园

舒伯特
那时，我尚未离开家乡
便因为《菩提树》
有了故园的怀念
如今，我的故园伸手可及
却显得更加遥远

舒伯特
我也曾写下诗篇
构思了一口水井，一棵槐树
当作遗失的故园
其实只是你的投影

舒伯特
你去世时，三十一
而我，如今已五十七
但我的忧郁，一直漂泊于你的世界

舒伯特
我仍在夜色中行走
睁开眼睛，闭上眼睛，并无区别
我的脚步渐趋于无声
但再也不会迷失

因为，那树叶的轻轻絮语
从未如此清晰
朋友，回到这里来
这里能寻找安宁

舒曼：《梦幻曲》

垂垂老矣的霍洛维茨，回到俄罗斯
枯枝的手指，弹奏《梦幻曲》
台下，一位白发苍苍的男人
泪光闪闪

那一刻，他们都是孩子
返回了无法返回的童年

罗伯特·舒曼
走向暮年的我，也想回童年了

可是，热恋中的罗伯特·舒曼
你写信给克拉拉：记得
有一回你对我说，有时在你面前
我真像个孩子

我想回到哪个童年

罗伯特·舒曼
可有长眠不醒的《梦幻曲》
还有，谁来催眠
罗伯特·舒曼
你为什么跳下了莱茵河
童年的神经
与冰冷的河水嫁接

罗伯特·舒曼
你在克拉拉怀中安然长眠的时候
引渡到另一个世界的
是否这首《梦幻曲》

苏轼说，人生如梦
他的梦幻曲是
一樽还酹江月

罗伯特·舒曼
你的《梦幻曲》
就是你自己

李玉英作品 新地，45x50cm 纸本水墨 2024

冰弦（加拿大）

微 小

生活那么微小
比临街的一扇窗户还小
那么微小
小于这扇窗今天清晨容纳过的阳光
它甚至比一幅画还小
比那点墨迹还小
它不仅小于唯一的眼睛
和它参与的观摹
它也小于任何一次流逝
小于昨天在街角
让卖柠檬水的女孩笑出声的
那声响指

云中雀（加州）

蚯　蚓

送葬的队伍成为雪地上
唯一活着的蚯蚓
稀稀拉拉，举步维艰
拼凑出一行蹩脚的悼词
抬棺者中没人察觉
脚印中那个死去多年的人
与肩上的她偷换了角色

和那年一样，大雪纷扬
隔着整个石器时代
两个疲倦的人
黑暗中重逢，弱弱念一声
彼此星座一样的名字
便沉沉睡去，他们
很快被雪掩埋，遗忘……

六月，苹果树

蓝月镂空了夜，来了
你手里拿着一只
带着露水的蓝苹果
我仰望，寄生过的果实
孤悬在你树上
晃动着生涩的喉结

六月，给你写信
苹果籽在身体里发芽
我准备了梯子
和铺着蓝格子布的提篮
在苹果树的浓荫下
与你俩，浅浅地说话

邱辛晔（纽约）

艰难的友情

一个字叠加一个字
一行推动一行
更于字里行间留白
诗和现代艺术
称兄道弟
但到了养家糊口
诗和抽象画并没有
手拉手的友情
诗是丰富的
而诗人是贫困的
一行诗歌卖不出
两个色块的千万美元

2024.5

江 湖

一行延误的起飞
不是因为肯尼迪机场刮起了飓风
诗人集敏感词为诗的才艺
被强行摁在了
微信的跑道

中文是危险的江湖
但这是中国诗人不得不
游泳的死水
死水下朦胧的眼神传递着
晦涩的文言接力棒

2024.8

严力作品 状态二："还能写点什么？"

步姿（苏州）

爱情的香味

书房里的芍药开了
团团的，静谧的粉
奇香
飘浮在书页上
像是爱情
我知道自己是
很难爱上什么人的
只会对物事钟情不渝
这花香，让我想起
一种感觉
在你的手心里
片刻沉沦的感觉
在这薄情的世上
你，还算不上薄情
早知你会走
就如这香味
明夜，便散了
我这一生，只有
一个敌人
太过柔情的自己

2024.5.28

我喜欢一种表情

我喜欢一种表情
绸缎一样的表情
这世上艰难的面容
已经太多
月亮来到大海面前
也总被云层覆盖
无花果飞出翅膀
也会败给季节
生活是一种静默的奔跑
大地之吻
不会天天出现
打开窗户吧
让清风吹在脸上
然后你做他的主人
带着绸缎般的表情出门
去邂逅附近的爱神

2023.4.11

寒山老藤（纽约）

此刻光线刚好

忽略过无数场雨的
有树，还有路面

两场雨的间隙里
光线刚好，你在哪
别躲在树后
那是，夜伤心过的地方

因为无知，晨曦再次妩媚
因为向往，我还是相信光明

想象着，你正从观众席里走来
想象着，在无边的布景中
和你，共同搭建黑色的帐篷
摄入，此刻的光线

2024年5月26日于纽约

Cayer(成都)

夏之雨

接連幾日雨
由夜及晨
雨落霧起
沈沈靄靄
山木若隱若現
整日鳴叫的蟬也歇息了
雨安撫了它們的躁動
又窸窸窣窣滴落在屋簷上
以其綿柔弱音
敲擊著時空的巨大空洞
赫赫暑氣因而退卻
這生之小確幸呵
隨意而來
全然無感他物的存在
自在灑落

思静夜(武汉)

冬夜的雨

江城没有雪。有雨连绵不休。
五九的日子下着四月的梅雨,
虽不及北方的雪美得那般阔绰。

喜欢冬夜里小家碧玉的雨,
内敛寒凉。此刻天地与心
一样,素净。头顶的灯盏

照亮晦涩的经文。而遥远
之处有光正穿越而来,为
有情世界开一扇无门之门。

黑不再是黑而是休憩与安宁。
正如影子是身体与光相遇的
话语。你读着如影子一样的

话语,读着季节,雨水与
城市的灯火,读着日月轮转
草木禾稼,也读着红的欲望

白的贪嗔和幻化的红石头。
读着眼前在窗台踱步的珠颈斑鸠
以及像雨滴一样多的情爱与忧愁。

聚散也有时。伸手接住空穴里

来的一阵风，那背对佛经念念
不忘的人。也不必纠结。

万千烦恼丝如金刚。但血归血
灵归灵。星辰并非遥不可及，
无漏并非遥不可及。

2024.02.01

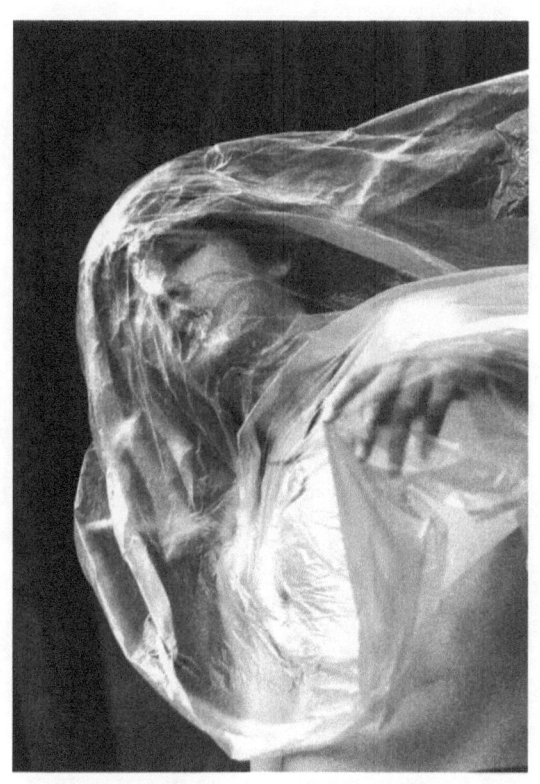

于捷作品 摄影：风的形状之一

幻·界

幻化或幻灭。了无所得的残生
找不到和解的路途。

没有什么酒足够麻醉。
无力承受的自罚消融于自欺。

正在绝望的人绝望于他的绝望。
多么缠绕的幻觉。

无处生灭的界限
从无始而来。

想起火出木尽，想起灰飞烟灭
想起钻木取火的人长眠于古林。

心念难以止息。知相如镜的人
亦难入断灭。幻界坚若磐石。

2024.02.09

湖边(加拿大)

时间是花开

时间
不是过去也不是未来
时间是花开
不要试图去采摘,因为
她甚至不是现在

而现在
是时钟对天空的告白
那里没有听众,有的是
渐行渐远的星光
曾经的男孩女孩

Vivian 雯（纽约）

八月未果

還是得等，從四月
到八月。它青亮的膚色
還不曾被盛夏的艷陽
染指。我知有一天
它金色的內核所爆發的光芒
會在一片過氣的楓香葉中
脫穎而出

是的，那是必然的事
從月黃到月白
冬日的爐火燃了又燃
它靜坐在茶几一角
等我用一種最極簡的方式
在它飽滿的腹肌上
留下深深的齒痕

2024.8.14

唐曼（湖南）

静煮时光

时光爬过矮墙，跌落在院子里
鸟来啄食，猫来舔一舔
我泡一杯茶，坐在一隅
看她怎样离去

我当然得写一首诗，只不敢太长
我当然得续一盏水
还有把思想放飞院外

然而就这会功夫
她又攀墙而去
我甚至来不及
与她一个挥别的手势

我只写了一半的诗，未及念给她听，
她是煮不透的，也泡不烂
有人煮了一辈子
最后还是放弃

柳扬（明尼阿波利斯）

龙

看龙
你的眼睛必须会
东张西顾，龙嘴
咀嚼着天的青翠，它的尾却在翻阅
长堤边那本书页飞扬的辞海

想象一条龙
你的心需要跳跃腾挪
用云做战壕的神物，是
风的藏家，雷的总理
暴雨是它的述职演讲

去接近龙，你
需要变成一团在空中快速移动的水
能够瞬间变脸，且忍受闪电的鞭笞
或者在尘世，把自己晒得焦黄，回应
它曾以一件缂丝袍子颜色，引领的时尚

等待和龙相遇，你的耐心会在
许多黄昏，被西半球晚祷的钟声拉长
有一次你听见月光的鳞片在和鸣
一阵风径直推开了门。来的
却是隔壁属龙的老王

虎

十二年后重现江湖的独行侠
以巨掌给大地擂鼓的摇滚手
四季都披着件花皮袄的旧贵族
自己便是一支突击队的骠骑将
走到哪里，就在那里立藩的诸侯王

虎啊，它奔驰时，是一个把自己
幻化成风中黄丝带的魔术师
连风都要讨好地伴跑
地平线也惊惶地逃窜
所有的大路小径，都远远落在了身后

它的视线之内，一座角斗场
它发言时，方圆数里成了隔音房
短暂的沉默，如一颗子弹到达目标前的屏息
它有时也宽容，不在意那个叫猫的远亲冒充它
在通俗画中，蹑手蹑脚地现身

它归来时，欢呼声拂动它的鬣毛
聚光灯给它投下青铜四足鼎的剪影
只有站在远处的我，想与虎谋皮，
想读它身披那匹黄绢上写满的
分行诗

大舒舒（上海）

我只想知道丧钟为谁而鸣

火炬的灰烬还未彻底熄灭
导弹早就变得愈发肆无忌惮
变装皇后的九彩颜色
怎么也无法拦截
来自全角度击穿谎话撕碎协议的枪炮
此起彼伏

玫瑰人生，注定只能复活在你梦呓的香颂里
流弹和谣言
从四面八方投向南北两极
环球从来不曾只此凉热

不休不止的飞行检查
无差别性别激战
第一和倒数第一块金牌果然花落东西
匍匐在左岸堡垒后面响起
从哼鸣到嘶吼的马赛曲

我不想知道敲钟小丑的面具是何种材料
我还是只想知道丧钟为谁而鸣

成蹊(北京)

以防万一

我的两个朋友见面
一个在财政局工作
一个在看守所工作
我让他们
互相加个微信
以防万一

2024.2.

李玉英作品 中国戏剧, 45x50cm, 纸本水墨, 2024 年

赞 美

单位的老领导
要退休了
让我为他写首诗
表示赞美

我认真写了一晚上
但,写着写着
就写成了悼词
因为
在悼词里
他是那么
美好

张溪涧（青岛）

稻　田

那个金色守望
只不过倏忽一现
更多时候是一些飘忽目光
缭绕于结痂的云翳
天空永远是一个居高临下的诺言
无法表述的爱情
只能付诸来去匆匆的风

生存只是为了割除
头颅里流动的血
曾浸染过黄昏的天空
童年被剥蚀的日子
泪水是一些畅想的手臂
一次次指向无法到达的远方

远方或许有炽热燃烧
雄浑歌唱
让生长变成一抹轻浮笑容
那么就在这个阴雨的日子静坐下来
等待一次季节更替
之后倾听热爱的声音
逐渐消散

儿童节对女儿说

你跟在我身后
我跟在奶奶身后
奶奶跟在云身后
云跟在风身后

你手里举着风
我手里举着云
奶奶手里举着我

我们就这样回到这个日子
回到时间最明亮的部分
奶奶稀疏的白发
我蓬乱的灰白
你飞扬的青丝
让风和云都跟随了我们

现在让我告诉你
你已长大
我正回到少年
奶奶还是天堂里的小孩子

朱凌波(大连)

一个人的篮球

下午三点
来到篮球场
空空如也

一个人打球
没有队友也没有对手
一次次把球
投到别人设置的框中及网里

每次投进时
只有自己为自己喝彩

两个小时过去了
试图恢复年轻时的状态
大汗淋漓

太阳正在落山的途中
捧着球回家

身后
空旷的场地上
回响着
昨晚
少年们的脚步声
和喊叫声

海默（西双版纳）

父亲的背影

父亲的背影越走越远
最后成了一块
再也走不动了的
墓碑

陪父亲喝酒

我端起酒杯先干
为敬父亲的手颤抖着
欲言又止
我突然发现父亲的酒杯
是一片深不可测的
海波涛翻滚

父亲的头顶

父亲的头顶一片荒芜
早已成为青春的遗址
我和我的兄弟姐妹就是一群
吃着父亲头顶上的青草长大的羔羊
这就是关于这片青春遗址的
全部历史

曾昭满作品 "哈喽,布鲁克林"之二

深雪（日本）

夜　景

从山顶上眺望街灯
是一条条小金鱼
在夜的黑暗中游去

在玻璃缸里金鱼群
璀璨发光

夜间
玻璃金鱼缸里
看见了对岸富士山的倒影
金鱼群在黑暗的海洋中
游来游去

游到对岸的
游到你在的地方

2019年3月于伊豆高原

春 夜

我想象着我翻译的书
在各地的图书馆里
有个孩子翻开一页
就发现一朵花开
有的人在拥挤的电车上
看到了一片绿油油的草地
闻得到青草的香气

苦脸的少女
那天翻开了又一朵花
喝一口
滋润万物的水

等着每个人拥有一朵花

作者和我
种了很多种子
春夜灌了水

曾昭满（纽约）

哈德逊河谷

聽呀
在比寂靜更深的寂靜里
聽
聆聽
命令耳朵豎起
聽
隱蹤的幽淙
原地動蕩的古井

順著低調的哈德遜河
躡近一群閒散的北美大雁
大八爪魚風箏在薄霧中舞動
還未及把天空攪成海洋

那個午夜圍火獨坐的人
可會從叢林深處向我走來
抖落一身的夜露和清涼

你是悄然盛開的寂靜
如幽蘭花開
連暗香都飽含嫻靜

我把手探向只是探向
這雙將觸碰到遼遠夢想的手

這是一雙米開朗基羅創世紀的天頂畫里的手

或許

還是聽吧
遠遠地
叢林靜默如墨

進入叢林
如帳
喑啞的嘟嘟嘟嘟嘟嘟
定是鐵嘴黑衣俠啄木鳥
與朽松開戰了

在叢林之上
"聽
讓風說話
那就是天堂"

2023. 6. 22

纽约之晨

祥云紛披
鴿群如撕碎的詩稿
紅磚牆把晨曦永駐
紐約一個平常的清晨
一旦我們洞察並選擇言說
將把自己置入一個語言的煉金室
放大鏡顯微鏡望遠鏡全用上
獲得一個全知的視角

當然也可仿效羅伯特．格里耶
"昨天鴿群在這里出沒
今天也是
明天還將是"

如果化身一只鸽子
在鸽群中間伸展著翅翼
追隨看不見的氣流
匯入這不可思量的紐約黎明
卡夫卡的另一個城堡

2023.5

吴涛(山西)

戏 台

我看到许多人争着抢着
要登上戏台
我看到登上戏台的人
便不是他了
他要化妆,他要换上戏服,
他要用提前备好的戏文
去演去说去唱去对待台上
台下和
自己

于捷作品 摄影:风的形状之二

画火车

画火车之前他就有两个担忧
一是,火车画好了
他不会开
二是,那么多乘客,而偏偏没有你

南 墙

走到南墙,我们便退了回来

但蚂蚁不退
它爬了过去

鸟儿不退,它
飞了过去

我们脚下的灰尘
也不退,它跳了起来

陆渔（上海）

重 逢

我总是期待重逢
用以缝补，后悔的黑洞
因为黑洞里
是焦虑的未来

但只要，想到重逢
就会平静，长长舒出一口气

我期待重逢
却并不在乎细节
有些名字，已经记不清了
甚至连重逢，都可能是杜撰的

2024.6.23

叶匡政(北京)

老狼,老狼,几点了?
——献给逝去的 10 年

每个人心中都坐着一个暴君(题记)

1

老狼,老狼,几点了?
1点了,一切突然中断了
这是吓人的一幕,暴君从血泊中起身
阳光在时间中变暗,我自野蛮人中醒来
这一年无法赎回
这之后的 10 年也无法赎回
上帝说:"我因此必与你们争辩
也必与你们的子孙争辩……
诸天哪,要因此惊奇,极其恐慌,甚为凄凉。"[1]
如果时间中没有暴君,没有
这暴力的合唱团
我们会以为自己活在天堂中

暴君坚信他有作恶的责任
有把人变为兽的责任
有收割与囚禁所有灵魂的责任
无辜者不了解自己的无辜
走进暴君的迷宫,把他的恶
视为自己的痛苦

这痛苦藏在谷物和果蔬的农药中
藏在家畜与河水的毒素中
藏在贪官向命运抛出的黑暗骰子中
这痛苦从未放过我们
正用它盛大的庆典
为暴君造一座悲哀的宫殿

那确实是我们的罪,是我们的疯狂时辰
心脏退化为一团有罪的肉球
我们看见大地在劳作中崩溃
良心被极权耗尽
我们看见家园被酷吏没收
人类被病毒洗劫
也许这就是暴君施恶的理由
既然我们不敢公开指证
那就由他杀人,由他用镣铐锁住民意
我们当时不知道
现在也不用知道
暴君每往前走一步,人性就往后退一步

2

老狼,老狼,几点了?
3点了,流亡的时刻开始了
我已迟到,为我们总是错过的反抗
这里,自由是多余的
我们默许自己被奴役
只是活着,把灵魂藏进石头
我们用眼泪煮熟米饭
用洪水洗刷房屋

满是泥污的家具,在群星下起身
晾晒自己——我们哭喊我们悼念
我们劳作我们死亡——这是唯一的命运
人人都是暴君的祭品

不要让我做儿子
也不要让我做父亲
不要说我是诗人,也不要说我是奴隶
我走出的每一步
脚下不是别人的坟茔,就是他人的刑场
"因你的恼怒,我的肉无一完全
因我的罪过,我的骨头也不安宁"[2]
我挣扎,四处游荡,为有幸活在
暴君打造的地狱
而闭紧嘴巴。地狱成为每个人的记忆
人们在墓碑刻上自己的名字
然后死去。哪知暴君也收买了那些死者

这一年的灾难,无声地
向南方推进。这一年的悲伤要少于谎言
这一年,觉醒者明知无处可逃
仍把自己葬于冬日的牢狱
我们是被慢慢压垮的
被绝望变得镇定,如通宵踱步于
永恒之夜。山峦衰败
乡村已成废墟,工厂瓦砾一片
故土被蒙上崭新的裹尸布
此刻上帝还未止住末日的流血
先知还未醒来
我们永远不会对暴君说一个字

3

老狼,老狼,几点了?
6点了,埋葬你的人下班了
我的骨头正长成十字架
你却变身为幽灵
天灰得彻底,雾霾透着血腥味
所有的生物都灰溜溜的
它们只仰望泥土
泥土外的世界仍是一个谜
如果你灵魂已死,就在土里变得冰凉
但有些冤魂不愿安息
到人去楼空的办公室上班
去空荡的大会堂举手表决

我的骨头正长成十字架
"我这皮肉灭绝之后,
我必在肉体之外得见神"[3]
我必为地底那不幸的骸骨祷告
我必令屈死者的墓穴打开
我必让月光祝福那反叛者、忏悔者
那因劳累而失语的诅咒者
当他们说阿喀琉斯之踵,我看到了
这暮色大国中愚蠢而偏执的暴君
让所有人饱受羞辱
复活的鬼魂,在人心中筑巢
自由的星空暗淡成魔鬼的竞技场

我的骨头正长成十字架
要把我撕裂。尽管为时已晚

上帝仍延缓了每个人的债务
延缓了所有人走向地狱的时间
一个流浪汉在街边尖叫
向失去的房屋和亲人尖叫
向死去的孩子的幻影尖叫
那孩子正为他捡拾地上的烟头
睁大眼睛,不知道这些意味着什么
他的尖叫也是对您的祷告,上帝
我们所言,皆为祷告。为了让您听见
上帝,我将赞美这被暴君灭绝的日日夜夜

4

老狼,老狼,几点了?
8点了,可以公开罪证了
我们熬过一个又一个糟糕的年份
滑入一个又一个深坑
破晓时,公鸡预报的总是坏消息
监狱里白鸽迎来高贵的灵魂
城市断电,幽灵漫游于凶险的沼泽地
我在异象中,看见瓢泼大雨与
洪水的血祭。隧道里汽车哽噎
长河上古桥溃逃。地铁口鲜花遍地
一如美丽、凄楚又易于凋零的人民
这是暴君的世界,时间耸立成绞架

这是暴君的世界,病毒爆炸若核弹
这是暴君的世界,活着就是坐牢
就是成为人质。诗人的歌声
只能在坟地唱响,舞者为未来举起

黑色的担架。面对暴君的直白
一切言语都是晦涩的，连汉字
也参与了囚禁你我的交易。一人一字
14亿字只能写出这部苦难的天书：
"假的，假的，这全都是假的！"[4]
呼吸是假的，心跳是假的，笑容是假的
"假的，假的，这全都是假的！"
母亲是假的，孩子是假的，暴君是假的

"假的，假的，这全都是假的！"
桥梁是假的，雨水是假的，蓝天是假的
"假的，假的，这全都是假的！"
数据是假的，科学是假的，尊严是假的，自由是假的
"假的，假的，这全都是假的！"
美国是假的，日本是假的，世界是假的，宇宙是假的
这瘟疫般扩散的虚假大陆
这虚假了5000年的文明幻影。"剪虫剩下的
蝗虫来吃；蝗虫剩下的……蚂蚱来吃
……我的民哪，你当哀号"[5]
哀号我在尘世的虚假
哀号我们与暴君签订的这份虚假契约

5

老狼，老狼，几点了？
10点了，审判的时间来到了
请把我10年来记住的一切
送上断头台！
请把我10年来的迟疑、观望、担忧
愤怒、焦虑、胆怯，送上断头台！

请把我10年来所有做过的梦
送上断头台!
我用3653个浑噩的白昼
和难熬的夜晚,亲手制造了这一个暴君
这暴君无名无姓无法无天无边无垠
他长在我们每个人的身体中

我们用良心喂他用热血喂他用告密喂他
我们用信仰喂他用歌颂喂他用谎言喂他
我们用陷入黑暗的常识和窒息的五脏六腑喂他
我们用被炸毁的别墅被拆除的招牌被毒化的土地
被感染的病人被中伤的名誉被关押的时光喂他
我们用焚尸炉用病毒室用贪官的肥肠用教授的头脑
用记者的笔税务的手指城管的拳头警察的电棒喂他
我们用内心中的最后一点善良喂他
我们用年岁积攒起的全部恶毒喂他
我们喂他我们喂他这吞食一切的饕餮
这冥顽不化的梼杌这"毁信废忠崇饰恶言"的穷奇
这"掩义隐贼好行凶慝"的混沌我们喂他我们喂他[6]

这四兽合一的暴君长在我的身体中
是桀是纣是嬴政是王莽
也是你是他是我是我们全体
何时可以终结这来自权力深处的海啸
何时能让我听见那密云间的声音,火中的声音
幽暗之中的声音,西奈山上沉默的声音
我们敬畏这无声的声音!在每个创造物
的内心说话。敬畏号角吹响的声音
敬畏书卷展开的声音,羔羊被杀的声音
敬畏镰刀收割的声音,众水和大雷的声音

"因为他来了,他来要审判全地。
他要按公义审判世界,按他的信实审判万民。" 7

6

老狼,老狼,几点了?
终点了,葬身之地打开了
这也是拯救的时刻。隐藏的光明
从不可见处显现,那是深不可测的光明
是没有开端也没有结束的光明
是没有名字并不可命名的光明
是永无同类却永恒存在的光明
是在寂静中呼唤万有的光明
是唯一可让生命得救的光明
暴君注定了他失败的命运,宫殿摇晃
满月变红,落寞的老狼在哀嚎
星辰落向逝者,青草和海水燃烧

这拯救的时刻也留下了我的印记
让苦难的汉字得以重新呼吸
端详这些汉字,我看得明白
上帝和自由从未在汉字中深根固蒂
所谓拯救,就是肩负起汉字的重负
无论怎么倒下,也要让诗歌的头颅
指向上帝,指向自由
我们不再伪装,对着暴君大声祷告
尽管人民依旧悲伤,厄运四处蔓延
我们仍要大声祷告,感谢神的恩典和仁慈
愿他给仇恨者以宽恕,给绝望者以信心
给深秋的晚霞披上华彩绝伦的锦衣

我们必须赞颂这巨大的快乐和荣耀
因为这是上帝所要看到的
他给我们心灵，让我们领悟智慧
他给我们言语，让我们表达赞美
他给我们喜悦，因我们被神圣照亮
"锡安的民哪，你们要快乐，
为耶和华你们的神欢喜。因他赐给你们
合宜的秋雨，为你们降下甘霖……"8
如果我们拒绝快乐，拒绝赞美与祷告
只会让那些受难者的创伤与困苦，显得轻如鸿毛
上帝知道，暴君不过是活着的小丑
小丑则是死去的暴君。他终将成为一小块尘土与耻辱

2021年10月6日-11日凌晨

注释：

1. 耶利米书 2-9、12；
2. 诗篇 38-3；
3. 约伯记 19-26；
4. 2020年3月6日，武汉青山区元公馆小区一居民，从窗户向外隔空喊话："假的！假的！这全都是假的……"
5. 约珥书 1-4、8
6. 引自《史记-五帝本纪》
7. 诗篇 96-13
8. 约珥书 2-23

魏薇，《致敬勃拉姆斯 Homage to Johannes Brahms》
纸上作品 14x10inches. 2024

鞠小夫（德国）

沉默烟火——献给拉赫玛尼诺夫

"我便是他的思想在肉体中的复活，那活生生的证据啊，然而这颗心脏，不属于我。"倥偬的诗人念道，步入钟声的怀抱。

我吻过晚秋的清晨
天空，麦田与不可见的
海浪呈现淡青色
一株遥远的树在风中招手她如他，不知名的美丽落叶
钻入掌心，幽叹
那错综复杂的人儿

死亡平分所有人
时间不停歇，正如我一无所有
你假装倒下，于野风吹尽的平原
似一株小树折腰
清晨歌声无意间碰撞缠丝的念想
如你，赤子般游荡

每当阳光照向世界深处
总是你，藏于狭隘的密室蜷缩于回忆的角落，呐喊着
我们伴着酒色起舞
阅读树林的乏味文字
这个世界里，无人哭泣

我们孤注一掷，背负所有人的痛楚
迷雾如何替代羽翼，坚定飘散
铁门关上时，一只手将我怀抱
似在追逐什么
念想间，彻底进入密室前我能否再见那落魄的树林

光照相所有可能的出口
照向底层
我们站上脆弱高地
狂风大作，海水响彻天空撕扯企图越过时间的风
无尽美丽的单调中，你坠入悬崖

可惜，你那双鞋并不相爱曾经你直面虚无
像在等待一辆永不归来的缆车
难以辨认的骸骨浮出海面在回忆中洒满冻泪

转身，望向绝对完美的城邦
内心的人儿无比恐惧
落叶蔓延，是死亡遍地

我要逃亡
亲爱的
逃离我自己

舞曲——献给肖邦

静静的河流开始漫步
汇入的海洋便是你的孤独

可怜的旅者
独身离开庆典
站上屋顶，假装是四季

这世界中，睁眼
便是一道罪行
消失的路途凝固沙粒
像时间一样来自于灰烬

黎明所生的悲歌击倒他
如猎人追逐
如太阳般升起

潮水开始忏悔，面对
所剩无几的浪漫主义
他逐渐失去知觉
罪恶则献给世界
潮水生长于自身
变得更加伟大

歌声愈发虚弱，随后
摧毁心脏
旅者寻找故土
而谎言无处不在

瞬间的忧郁——献给波德莱尔

1

每一秒都是里程碑
肖像与油灯相爱
辂辘下阴影交叠

伏案而眠,手指作响
灰尘似土壤堆积

2

青春尖锐如清晨
朝拜的事物不回归
岁月如梭
我远离生命

阶梯婉转生长
众生追随
日光注视
你逐渐死去

3

光线一哄而散
门廊没有尽头
远处的故事
信步而来

黑夜却一贯任性
倘若白日不够忧愁
我便无法入睡

4

心愿戛然而止
如雪山沦陷

话语割肚牵肠
也无法接近
道别声散落大地
我已无力拾取

严力（纽约）

中秋抬头节

我把八月十五
叫做中秋抬头节
那天的人们都会
抬起头来向那轮满月
祈福圆满的 1234

在这秋高气爽的时节
尽管大自然准时地
用其宽阔的胸怀
把劳动者的汗水凝结成果实
但人生的旅途中
总是有许多不幸的 ABCD

所以亲爱的兄弟姐妹
不管你享受了 1234
还是遭遇了 ABCD
十五的月亮告诉我们
人类的精神
无论从地球的哪个国度来讲
每个人都拥有
抬起头来的
自强不息

口香糖一组

1

画框不厌倦被其圈住的画面
但为永久地挂在墙上而沮丧

2

为自己国家的帝王当奴隶
就比被他人殖民更有尊严

3

国家的长度和宽度是能测量的
自由女神的风度只能用心度量

4

作为流行食品的粽子
证实了中文诗的饥饿

5

短视屏解放了羞涩的自我
尽情地放飞被压抑的自恋

6

洗衣店用卫生与造型观
顺便熨平了社交的躯体

7

把精子卸掉就凉快下来的热
折磨了很多男士狂躁的一生

8

悖论是你缴了多年某某主义的房租
但找不到让理想留下来过夜的理由

9

谎言出茧时都是柔弱的
撞入了权利者的需求后
就能优雅地飞进了历史

10

诗词都有着高耸的脊椎
试图掰直弯下去的人格

11

古董市场上我捡漏了
陶罐上的好几截闪电
倒卖者以为那是裂纹

12

地铁高峰时
好几次我都被挤出了底线
有一次差点被挤出了生活

13

全社会终于全面地标注出了
消费品消费着消费者的价格

14

有两种诗歌能留存于世
用诗歌去抄写善的行为
用行为执行妙美的诗歌

15

我喜欢肉的交往
更喜欢带骨头的

16

反省的结果常常是
内心的肮脏不得不
与体外的蚊蝇共舞

17

自助餐不能让人们理解克制
但能理解欲望受容器的限制

18

如今的很多场合
都是用英文来交流的
好像去哪儿都要先路过
N多年前的英国

19

你要享受中文能去
中国不能去的地方

20

我相信圆满
更相信
星星和太阳也有十五

汉诗英译

朱瑜明作品

2024年8月纽约法拉盛诗歌节编辑部出版了《美国华语诗人双语作品选 Selected Poems of American Chinese Poets》。诗选包括了23为华语诗人的作品，由梅丹理 Denis Mair 英文翻译。本期选刊这些汉语诗人的每人一首英文译作，以飨英语读者。

Hanshan Laoteng (Cold-Mountain Old-Vine)

At a Window

Their souls are kept apart
by separate bags of flesh
Their coffee and their succession of moods
are separated by glass
I stand at a window, watching a street scene
as if only passers-by wilt and fade in the fall wind

Standing at a widow, looking like
a clay jar that was forgotten
no one knows of my existence, and later
no one will know of my non-existence
as if passers-by were written into a play and
at this moment, only the soul draws near them

Nov. 3, 2023

Yi Chu

Suppose That…

Suppose that love were a contrafactual assumption
I would join you to tread upon fire without hesitation
even if it meant tempering my body to metal

I have come bringing a shovel and snowflakes as seeds
with my withering and rootlessness from many lifetimes

Leave the lintel of springtime's door
for my moonlight to wax and wane upon

A fish without wings
finds a place for itself in the water

I will be buried in your mountain range
to be nourished by your love that stretches far

One who comes from the Yangtze
will pass by again and again

Always showing graceful restraint
always enduring minor sorrows

Zora

The River of Passing Time

The river of time flows over our bodies
leaving rolling hills or maybe canyons
The river of time flows over our faces
a placid lake may turn into a desert
The river of time flows over our hearts
burying love in silence

The river of time slows to a trickle
the past is never really past
it only remains upstream
too hard to trace, too far to touch
but it is there in the moment two hands touch
it opens a window
when eyes meet eyes

The river of time slows to a trickle
The future has already happened
even though the happening is downstream
Darkness and light may be hard to know
but their marks are drawn in a palmprint
Their wishes are buried in hearts
like the pole star guiding our course

The river of time slows to a trickle
a moment of full immersion in the flow

comes riding a white horse onto the scene
There is nowhere to hide oneself away
The only way is to breathe together with it
to throw open the organs of perception
to plunge into the cosmos head on
to flow where the waves take you

Everything ends up in stillness
The river of time slows to a trickle

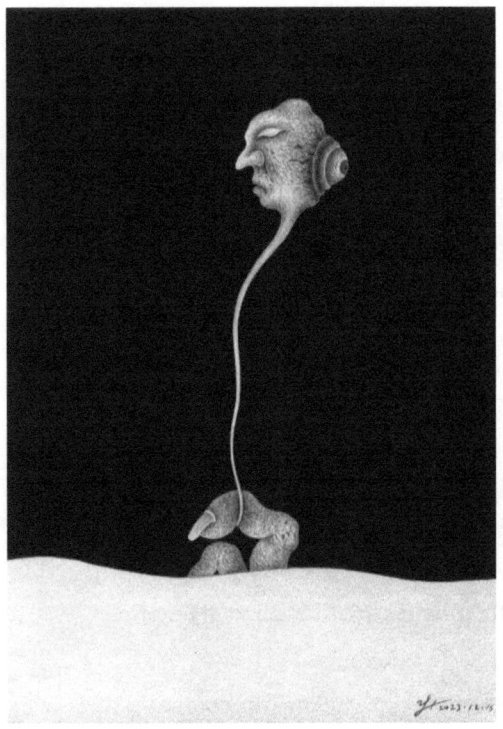

李云枫作品

Land Fish

Snowfall Is a Time of Redemption[*]

At daybreak sunlight shines through me from behind
and in the evening likewise. Between the two times
the sky is totally open to the light, looking down on
the withering and falling of gold leaves

Some of them fall towards your sleeping forehead
the wind tugging them is about to rush this way, but you
are farther away than water from which the cosmos was born
I cannot even touch it with the scent of a tangerine

Like the butterfly this fall, from the southern hemisphere
it was actual, as was its uneasy heartbeat
Even more actual is a swelling volcano on the seafloor
and the suffocation of time by amusements

What was prophesied will emerge like rocks in a riverbed
as we go about our business, not really noticing

I go barefoot, proceeding on foot amid flames
No sooner do you speak of snow, than it starts falling
Snowflakes are wings, born in the moment a bell starts tolling
Snow is redemption; snow is forgetting after many years

*[In Chinese, the image of snow can be used as a metaphor for redress or vindication. (Tr)]

Nov. 12, 2017

Yang Hao

Lone Cloud over New York

A lone cloud over New York
has a lone star
hiding behind it
Solitary and coldly aloof
with a mysterious smile
peering down on the city

She surveys New York through the glass
of a hundred thousand light years
Gazing down with deep feeling
at humankind's uncanny laboratory
the thought of her own star system
totally slips her mind

From a reflection in a drop of water
and from deep in an infant's eye
I catch sight of that lone star
behind that lone cloud

Shuangyi

Answer

This span of days, my belt has gotten looser.
Walking gets slower, steps trudge more heavily.
Cares and sorrows, these days, solidify to stones.
I'm a carrier of stones

we are all carriers of stones.
Headstones in the graveyard are proof:
those stones on the shoulder at last unloaded
placed in front of a body lying flat

My hunched reflection is suspended
on the lake's surface; fish swishing their tails
pass through it; I want to exchange bodies with a fish
and glide through water as if in free fall

I'm on the bank watching fish
Does the sky have a pair of eyes to watch me?

"My yoke is easy, and my burden is light."
This is the answer the sky gives. It has been wanting
to trade bodies with me, but I don't understand
just as fish don't understand why I hunch my spine

Hei Feng

Don't

You can add a bitter teardrop
add a bit of salt; you can even
add oil drained from a kitchen gutter

Just don't let the votive lamp
get too empty
don't let the flame
start guttering too much
don't let the Buddha feel too forlorn

Aug. 2018

Su-la

I Want to Live within Flames

I want to live within flames, with a ring
of flame on my finger, in a room of flame;
within books of flame there is
a print font with no straight lines.
Half will be body, and half
the melted currency of soul,
neither on the side of life nor death.
Each kind of medicine creates a new sickness,
and higher tongues of flame pounce forth
each time I am gazed at. A stark naked yogi
bears the harsh chill on a snowy peak
resisting the contradictions of desire.
But I will immerse myself in flame
following her emotive dance steps. A secret
that wins transcendence leaves you no choice

Yunzhong-que (Lark-in-the-Clouds)

I Like the Look of You Lying on Your Side

Outside the window, you are laid out
in geometrical lines
one leg stretched straight
one arched in a 90 degree angle
sturdy arms bent at 45 degree angles
setting my hormones raging

The sun highlights the high bridge of your nose
a sea of flowers tosses at your feet
wind spreads the sails of a poetry book
It would take a monarch butterfly
to make the pride of your knees submit

But this is what I like at this moment
the look of you lying on your side
assuming the outline of a suspension bridge
on which the figure of a woman dressed in purple
passes over the giant cello of your body

Wang Jiaxin

On a Ferry Ride

On the ferry from Staten Island to Manhattan
we pass by the Statue of Liberty

Some people lean on the railing taking photos
some sit on deck chairs basking in sunlight

She still holds her bronze torch high
but you no longer feel her breath as in past years

Once your reach America, "freedom" becomes a riddle
like the Bard's remark on rich men, who see vice in beggary*

The riddle prolongs that half-hour ferry trip
stretching it to an enactment of one's whole lifetime

It causes you to gaze at seagulls chasing each other
vying to be first to find what turns up in the boat's wake

March 2024

*[Note: Shakespeare wrote, "Whiles I am a beggar, I will rail and say there is no sin but to be rich; and being rich, my virtue then shall be to say there is no vice but beggary." (King John, Act.2, Scene 1) (trans.)]

Li Xiaohong

Beneath the Setting Sun

This loveliness seems to creep up
by means of its batik-like pattern of warm words
used to describe every living thing
including the sketchy and solitary ones
those suffering wounds of the soul
or even those withered-away ones

precisely because the moments are so fleeting
the look of one who bows at the waist
gives a sense of motherliness

Bing guo (Ice-Fruit)

Mistakes

I have made mistakes
for which I'm not looking to be forgiven

In a clump of trees by a lake I'll dig a hole
One by one I'll admit my regrets
for each one I'll drop in a hard-shelled nut

Squirrels that run out of food can dig them up
So to some extent there will be good intentions
that will be linked to those mistakes I made.

Feb. 10, 2018

Chen Minghhua

Absurdist Theater Piece 10

In cherry blossom season, shreds of secret documents bloom against the backdrop of D.C.'s sky, with dryads peering through the cracks between— the glances of people wishing to have an erection once again.

April 21, 2023

罗海芳作品 人物之二

Joan Xie

Going Far Away

Are you too among the insignificant:
all the buds, petals, and seeds
that taken together comprise a tree?
Have you also been informed
That you exist for the sake of that tree?
Well then, if you end up falling
How far from the tree can it take you?
Now I sit among all of you
Actively seeking a magpie hungry enough
To have an exchange of wings with me

Da Wen

WAR HORSE— The Film that Told Its Story

At a time when tongues led a charge at the enemy
voices bloomed in treetops…
Racing sunlight flung shadows into the sky

Horseshoes were drumming the beat of a harvest
as the chord of machine gun fire swelled in a valley
The loftiest wingbeats crashed with the utmost fragility

Amidst onlooking roses
a man threw down his saber, just as his underlings
gave their bodies to be figures in a bas relief tableau

Zhang Er

When Ashamed, Fall down on the Street

God falls down on the street in August
rolls down some steps, an empty bowl at his knee
Two more bottles and He won't remember, He himself
already has 7.8 billion kids, and 800 million of them
are starving; umpteen millions are sick, with more on the way
So what would be fitting to fill that empty bowl?

Hurry hurry, or else they can't grow up
and won't grow well; vaccines won't take, just make them sweat
Shade trees here don't yield dates. All that empty, fancy talk
they know all about it. When you are supine on the street
can you sleep anyway? In the space of a dream, worlds can fall
Are the clouds white like flour or red like meat? Is it time now

to discuss ethics or theology? The problems bear down heavily
like mountains. So much that those who find an empty bowl
will pound drums and gongs on the street. The startled sky
will fall by the power of their breath, and sink in the sea
So down the hatch… the bowl has gotten itself drunk
and won't let you count for much… in a panic of hunger

Dao Zi

Hidden Corrosion

Feathered appendages hurtle themselves
Towards a transparent window

An avian creature according to geography
A bamboo cage according to genetics

Before the gate… a half acre of bloody field
In the rear courtyard… a troop of hairless apes

River of stars, in quietude
Column of smoke, even quieter

The transparent window hurtles itself
Towards feathered appendages

A bloody field…is guiltless
Feathered appendages… even more guiltless

Feathered appendages hurtle themselves
Towards a transparent window

Behind a welded-shut iron grate
An expanse of white paper is surging

Wen Rong

Return

There is no blackness sufficient to cover up the night
Not this dark spot where I sit alone, boiling a pot of white rice
Still there is someone I am waiting for
And he has headlights on his car
That poke two bright holes in the night

许德民作品 "发生与选择·心灵风景" 综合材料 70x70cm. 2006

Chu Hong

In the Beating Heart of Autumn

A roiling tumult of colors
comes surging towards us
stealing away our breath

Light and shadow are tossing
around us who hurtle into depths
of a tunnel made out of profuse shades
Celestial and terrestrial eternity bestow
moments of enduring life on me and you

Reality is outside the window, and a hammer blow
may be no more than the activation of a button
You and I do not touch it,
allowing a gaze
to linger devotedly
and hillside mist to wreathe

The heart of fall has been poured full
of a season's bounty, as well as its blues
With sweeping arms we muscle our way
heading forward through the sky's bottom layer

October 2022

Fir Tree

Black Lasso

Heading down the road of a childhood afternoon
in my mind a lasso of black rope is worn smooth,
each day growing thinner, like an invalid's throat—
Time, its sole ailment, keeps closing in.
Memory is the hushed rustle of snowflakes,
but also a pomegranate tree under hot sun,
and flower-skirts make a "whish" like cicada wings.

Lying by a road in youth, drifting clouds churn one's vision.
Sultry thermal currents from the sea; massive tonnage
of empty village ennui, ignited and flung skywards,
pervading the air like fireworks, and teeth often clenched
from summer bugs on the scalp,
when they started their metallic whine.
The black lasso that bound all living things
opened to release the growth of thick black fuzz.

The good earth: a requiem that merges green and gold
python-like matrix studded with cadaver spots of oleander
many corners unfrequented, like bygone days—
All those thirsty, weary, superfluous book pages
and precocious flesh pounded down by one's own strength.
Urgent wind of conspiracy theory twanging beams of light.

Dullness of flocking ducks playing in the water,
about to mount to the height of faraway peaks.
At this moment, as a leftover page of childhood
sitting here with images that may combust at any moment:
"You were having a dream that belonged to other people,
even before facing an opponent, you were utterly defeated."

于捷作品 摄影：亮点

Wang Jian

A Shoe Waiting to Go Outside

It shows signs of exposure to snow, and to mud
from the bottom of the Red Sea

It shows weariness on its features
and a haggard look

Open its laced-up front to the air, let its sweat
flow freely, let light shine in to dry it
like an old creature in the sunlight
that slows its breathing when asleep

Like an infant returned to the womb
in a curled position that does away with
the wrinkles on its body

You are turned to face the front door, despite
your smudged and dusty visage, ready for
a new departure at any time

Though your other half that was beside you always
may have gone missing

Surely it too travels a wanderer's road

Qiu Xinye

The Crucial Parts of a Living Thing

The breasts of a woman
swell with the might of a great river
that bestows nourishment on either bank
The womb of a woman erects the walls
of the first cozy nest in a person's life
As for a man, the torrential sperm
delivered by his prostate is comparable
to the parting and meeting of Red Sea waters

And yet, the crucial parts of a living thing
often lead to a distorted, freakish denouement
stirring up a latent climax of a different kind
outside of the script instilled in men and women
where they cannot fathom what should be written

March-April, 2024

Yan Li

Flying

I've always liked to watch birds flying
also airplanes with their outstretched wings
or maybe clouds floating through the sky

After many years I finally realized
no matter what the criterion
only the wind can be called
the supreme master of flying
for only the wind, after colliding against buildings
against mountains and even the ground underfoot
it is still able to fly

May 2022

诗人问答

曾昭满作品 "哈喽，布鲁克林"

答编辑部问

本期纽约一行编辑部拟定了关于"诗人、写作、时代"的九个提问，并选用了寒山老藤（纽约）、岛子（纽约）、邱辛晔（纽约）、张耳（奥林匹亚）、王键（纽约）、严力（纽约）和双一（夏威夷）七位居住于美国的华语诗人的回答。

1：你在诗创作过程中有哪些可以与他人分享的经验？

寒山老藤：一是多读反复读优秀的诗，在阅读中滋养灵感，学习他人的表达技法，构思技巧，摸索自己要走的路。

二是读文学艺术史。以此提升自己视野的高度，并及早切到文学艺术发展的脉络。

三是感觉灵感匮乏时，重新审视创作面的宽度、深度及高度，并考虑调整写作视角。

四是思考如何写。如何写有时比题材更为关键。这关乎到诗的格调和品味，比如要考虑这样写，而不是那样写。

五是诗人应该保有应该的傲气。要有所写，有所不写。这也是做人的原则。写诗应该是一种心灵召唤。严肃的写作人应该除去功利心，维护诗作的品质。

岛子：90年代以后，我有20多年在大学从事艺术史教学和研究，直到退休。此间我的诗歌写作更倾向于借鉴视觉艺术观念和语言形式，如抽象表现主义的时空把握、极少主义对意象的克制，使可见可感向隐喻空间转换，让诗歌葆守静止和箴默的质感成分，以疏离当下的、附近的事物，免受其纠葛，而承受其暗蚀、刺痛。从一个刺点，进入一首诗的内在，剔除滥情和虚无。大尺度色块表现相当于一个情绪意群的整合与抽象，当色块之间虚浮、飘移、分衍，多层次覆盖，语义的张力就此形成，质感、厚度、深度空间亦因此生成。就此而言，马克·罗斯科的艺术精神对我影响至深。此外，极少主义之少，是数量也是质量的诉求，一道有质量的线条犹如一句箴言，物性被逼出灵性液质，迎风摇曳，独立不羁。日本的物派与极少主义近乎于孪生，与禅宗、俳句诗学关联至深。这些都是经验与理论资源，最终还要经由超验滤镜的价值辩证。

邱辛晔：写诗需要灵感和耐心：灵感是对生活、生命的观察和思考的回报；但更要压住立即发表的欲望。修改不仅是文字的打磨、句子的重组，还是思维的刷新。

写诗是和他人分享审美经验，因此是需要学习才能获得的能力。这个和学习书法是一样的：在自创前，应该广泛读帖、临摹，逐渐找到自己感到舒服的方式。拿起笔就是书法家或者提笔即是诗人，天才之外几无可能。遗憾的是，很多人认为写诗是一种本能，诗人易为（但没有谁敢不学习而自称书法家）。

张耳：我追求让自己所有的经验和想象，听到，看到，读到，想到的世界融入诗写作；有空多写，多想，笔随耳，笔随心。避开常规的思路和因袭的笔法。生活是复杂多样化的，诗也是。当然每个诗人追求的艺术美学很不相同，所以我的经验只是我的经验。

王键：诗在诗外。年轻时不太在意这样的话，随着岁月的增长，觉得这句话很有道理。如果我们认可诗是用语言对生命的诗意进行的一种表达，那么如何表达和表达什么就是最重要的两个方面。我认为这两个方面都跟我们的生命体验有关，特别是关于"表达什么"这个维度。里尔克说诗是经验，这个说法并没过时。这个经验当然来自生活，来自你的生命体验。作为一个诗人，你对日常生活的观察和经历，你在生活中的情感体验、感悟、所思所想都构成你的经验的一部分，当你想"开口说话"，去表达对生活中诗意的发现和挖掘，去抒发你的赞美、喜乐、哀伤、愤怒乃至批判等情感时，这就是诗人在写诗了。尤其在当下，我们正处于一个时代的大转折的关口，时局的急遽变化、观念的尖锐对立和碰撞、新技术带来的对生活的种种颠覆等,生命中的冲突、撕裂、挑战和迷惘让我们的"存在困境"日益扩大,在这样的语境下,生命的张力更加尖锐,诗人可以获得更加丰富复杂的生命体验,更加宽阔的视野和眼光,诗人们应该有更多的话想说,当然是用诗!有人会说诗人应该远离时代做个"隐者",像陶渊明"不知有汉,无论魏晋",在一个桃花源里吟诗唱晚,岂不乐哉!这就牵涉到诗人对时代的使命和职责,诗人如何完成对现实的承担,这是另一个话题了。但中国有句老话:大隐隐于市,可见真正的隐者是在闹市,并非在桃花丛林。当然,诗的写作是用语言进行的,这就要谈到诗的技艺了,如何呈现和表达,这也是诗歌的难度的另外一个方面,它牵涉到我们的诗学观念、语言天赋、甚至诗人的性格气质等复杂的因素。但我们也要看到,艺术的成长和诗人的经验也是有关系的,它们并非割裂的两个方面。诺奖诗人沃尔科特有句名言:"要想改变语言,先改变人生",可见是你的人生决定了你的语言,决定了你诗。但大哲学家维特根斯坦则认为:"语言的边界就是思想的边界",所以他主张:"凡是能说的事物,都能够说清楚,而凡是不能说的事物,就应该沉默","语言的界限意味着我的世界的界限",而我要说这是哲学家的"逻辑",诗歌存在难以言说的地方。哲学是用逻辑、理性去"说清楚"世界和事物,固然也是一种经验的概括、抽象和分析,但这是哲学家的责任,而且哲学家们在这个方面所做的远比诗人们好,世界不缺这样的表达,诗人负责"呈现",真的诗人应该飞起来,飞出哲学家的"世界",对着"不能说的事物"开口说话。当然这可能要借助维特斯根坦的"神秘经验"了。有意思的事是,世上最伟大的诗都不是已经写出来的诗,最伟大的诗永远还在未写出之中,这也是诗歌永不消亡的原因,就像我在《十月哀歌》里所写的一样:"未说出的话,说出/即是离场//未写出的诗,写出/即是永生"。

严力:讲五点,第一是把要明确表达的主题或情绪,第二揉进语言技巧地一行行地造句,少用矫情和常见的形容词,多用动词能让阅读产生画面与动感。第三审视这个主题或情绪能否让更多的阅读者共鸣,如果范围太窄或太区域化就要升华到人的共性上去。第四能否有放射性地涵盖生活的其他块面。第五就是第一遍写下来时不马上定稿，放一段时间后再拿出来按照以上四点进行审视，要舍得砍掉多余的语言中不必要的"滴滴答答"，以求简练，吃不准时再放一段时间后再次修改。

双一：与其说是经验，不如说是观念。最首要的是用心生活，关注当下所处时代，留心捕捉琐碎生活与外部世界里的裂隙与亮光，关注细微，去凝视，挖掘，发现更深的真实，扩大我们的存在。然后寻找语言，提炼诗意，言说那不可言说的，将经验转化。这需天赋的敏感，也需自觉的训练。另外，诗写完后，并没有完成，因为必然需要修改。要跳离它，与它产生一定距离，才能更好地修改。修改几乎永无止境，有时很多年后发现仍有余地。

2：当有人尤其是行内的人评价你的诗写得很差或不尽人意时，你是如何反应的？

寒山老藤：如果能遇到所谓的"低情商"诗人开诚直言我诗作的缺点，那我是有幸遇到性情中人了。一方面，当今社会盛行相互吹捧；另一方面，写作者通常容易陷入自己的写作意念和写作风格之中，"只缘身在此山中"而无法观得全貌。善意的批评，常如醍醐灌顶，会让人顿悟。接受批评也是提高自身的一项修为。

岛子：自大和自卑都不可取，相信灵性尺度的自有性带来的反省精神便是。诗人贵在写出不同的作品，向内比，和自己的过去比，保持对艺术史经典的敬意。历史主义也是一种反省视角。

邱辛晔：旁人提供了"第三只眼"。如果这只眼来自高明的诗人，那就是黄金眼。而且大多因为有黄金心：真诚的人不为廉价的赞语买单。能听进别人的批评，是个人修炼也是提高的途径。当然，这两个观点的前提是，不要把诗像超市的青菜萝卜一样随意给人评判。找对评论者，也是一种审美能力。

张耳：首先感谢别人还在读自己的诗；再请别人谈谈差在什么地方。真能谈诗的人和机会很少，要珍惜。听完了，下面怎么写还是由我自己决定？

王键：诗人都希望找到他的知音和知己，他的作品获得喜爱和欢迎。但是众口难调，没有一个诗人的作品获得所有人的喜欢。被人喜欢的诗未必就是好诗，不被人喜欢的诗也未必就是不好或者平庸的诗。一首诗是否获得认可和喜欢，取决于读者的审美偏好、趣味、诗学观念、视野等因素，所以要建立一个统一的好诗坏诗的标准几乎不可能。因此，即使是行内人的评价也不能都太在意，因为他们心中也没有一个统一的可以称量出一首诗的好坏的一杆秤。比如，获得诺贝尔文学奖的美国诗人露易丝·格吕克，对她获奖行内争议很大，不少人认为她不配得到诺奖，甚至有人认为她是一个平庸的诗人，在报纸上发表文章批评诺贝尔奖委员会。诺奖诗人都如此，何况我辈？但话说回来，每位诗人都有他在意的朋友、诗人同行，他会在意他们的评价，尤其是他认可的诗人同行的评价。这其实还牵涉到作为一个诗人你为谁写诗的问题，我比较喜欢西川说过的一句话，他说诗人应该为他的"幽灵读者"写诗，他认为每个诗人都存在他的幽灵般的读者。那个"高山流水遇知音"的故事里的钟子期就是伯牙的"幽灵读者"。我这么说并不是说我是为诗人同行写作，他们只是我的读者的一部分，我希望被更多的读者喜欢。当然，如果一个喜欢汪国真的诗的读者来跟我说他喜欢我的诗，我不会高兴，我会很尴尬和羞愧，因为我不知道这是对我的褒奖还是贬损，尽管汪的读者在诗人里可能是最多的。

严力：这是事实，在我许多轻易甚至慎重发表的诗里，肯定有不少依然可以修饰的诗，但也有没有被仔细阅读的误读，但一般是前者居多。所以不要轻易因某些事件和情绪冲动地去发表酿造期不够的诗，尤其在网络时代的自媒体上这样的现象很普遍……

双一：我会聆听，然后检查自己的诗。很多时候，会发现并同意诗中的问题，然后进行思考和修改。但也有改来改去都不满意，最后又改回原来样子的时候。聆听很重要，但不能丢失自己。

3：如何看待当今手机视频以及自媒体的传播与纸刊的差异？

寒山老藤：我认为这只是阅读方式的改变。因为携带方便，我电脑和手机里也会储存些电子版的书籍，尤其是在网络普及的今天，可以随时随地方便自己查阅浩瀚的文字，可以极大地扩充阅读面。而且电子版本的批注标记也整洁，方便日后重读，这应该是未来的趋势。我想，不会因为少了纸质书籍的仪式感而影响阅读质量。保证阅读质量的关键是静下心来，排除外部干扰。

岛子：手机视频有即时性，在当世诗人间交流相对有效，在网民中未必。纸刊益于葆守，利于深度阅读，我极少在手机视频读诗，因视力不好。

邱辛晔：数字媒体攻入了人性软弱的城堡，不等于能坚守长驻。纸媒为人类文明留下记录数千年了，而且以具像呈现，它的阵地虽然老旧了但靠得住。此外，数字媒体牵着人走，而纸媒是被人牵着的，人有阅读的主动性。其关系因而是一种正常的人之为主体。所谓现代性，人是第一要素。这一点上，似乎手机和自媒体倒正以其魔性颠覆现代性。

张耳：如果由于传播速度提升造成自己写作毛糙，那是诗人自己缺乏自律。

王键：手机视频和微信、博客、公众号、小红书等自媒体平台具有即时、便捷、传播迅速、用户数量庞大活跃、审查尺度相对宽松等特点，相较于纸媒它们具有明显的优势，这也是纸媒近些年式微的原因，但因此得出纸媒要消亡的结论可能还有些轻率。实际上，现在的纸媒也在借助互联网扩大它的读者群，纸媒借助电子刊、微信公众号、手机视频、应用程序（小红书、快手等APP）等手段已经深入融入到互联网之中，它们已经不是单纯的纸媒了，而是一种"融媒体"。当然，自媒体也存在鱼龙混杂、太过于随意的特点，自媒体发布的东西错误、虚假的成分显然大大高于纸媒，因此从保存的价值来看，纸媒仍然有它存在的必要性。另外，还有一个读者的习惯问题，虽然很多人已习惯了电子阅读，但是我仍然喜欢抱着一本书阅读，不完全是喜欢那种感觉，而是在阅读的过程中，我可以做些批注、笔记，当我想翻找读过的内容做些"研究"时，纸媒会方便得多。

严力：正好前几天有朋友很费劲地在把自己的绘画及其他资料编成一本册子，是想印刷后作为宣传之用。我就建议他做作品的视频或网站，因为每一本纸刊只针对一个人，这个人翻看后就放在一边去了，所以纸刊不易多印，印一些给用来翻看的场所就行，比如图书馆和有关的研究者。而视频和网站随时可以让人翻看，还可以随时删减或增加其中的内容，此潮流灵活而又廉价，是大趋势……

双一：手机自媒体有即时性的特点，可迅速传播，产生效应，适应现代人的碎片化阅读的现状，但门槛较低，容易泛化而降低诗的艺术水准。另外，虽说网络有记忆，但记忆相对短暂，因各种原因，可能不久就无迹可查，而人类唯一可以用来对付时间的工具，就是记忆。纸刊可以克服这些缺点，更便于长久收存，但缺点是流通慢。

4：诗凭借什么优于其他书写形式？

寒山老藤：这是由诗的特性所决定的。可以借用"疏可走马，密不透风"来形容之。密指的是意境，疏指的是表述。在有限的篇幅内包含丰富情感变动，诗人不得不煞费苦心地斟字酌句。既要力求表述精准，又不能佶屈聱牙，还需要顾及诗人所要展示的深度和厚度，这些都在考验诗人的文学素养，思维能力和表现技巧。诗作即不能像文学巨著那样，通过情节的一波三折缓缓推进渲染，也不能如戏剧表演可以通过人物的肢体语言来丰富内涵，更不能像哲学阐述那样充满理性而缺乏文学想象性。一系列苛刻的产出条件，也注定了诗必定优于其他的文学形式。这好比2纳米制程的芯片和28纳米制程的芯片制造要求的差异。

顺便我想表明一个观点，长篇叙事诗应该归类在戏剧或小说体裁中，散文诗应该归类在散文体裁中。因为这类貌似诗的文体，除了富有韵律外，更符合非诗类的基本特质。

岛子：诗是形而上的箴默，她葆守那些不可言说的神秘和不可见的视像，直到能够荣耀真理。"诗无邪"根系古老。别的艺术形式在后现代社会轻易被沦为心智领域的灾难，原因是它们易于被邪恶诱惑，邪恶有其时代性面目。如果理喻了何为"眼目的情欲，今生的骄傲"，也就释然。包括那些主流的诗歌也根本难脱其窠臼。

邱辛晔：相比其他文学类别，诗的体量最小，因此是文字尖尖上的工程。能炼金的，炼铁就不在话下了。

张耳：有实用目的的写作，需要言情达意，论述宣称，所以要尽量明确明白。除此之外才是诗的本分。诗渲染生活或表象中的种种"风味""风骨""风范""风流""风情""风趣""风雅"以及产生"风"的动能。诗超越惯常语言能够清楚表达的意思。"风"能感受到，但是种抓不住，说不清的东西。诗是风。虽说一般意义上，"风"是轻飘飘的，但好诗也可以是飓风，台风，风暴，龙卷风，席卷世纪和世界的风。

王键：我在前面讲到诗与哲学的不同，我甚至认为诗是高于哲学的一种存在。海德格尔晚年之所以转向诗，就是他感觉到哲学的语言在解释存在时的无力，他认为诗是向存在的敞开，借助诗意的"言说"可以让存在进入澄明之境。从艺术形式上讲，诗歌是语言的艺术，但诗歌的语言又不同一般的日常生活和工作用语，它具有既形象又抽象、高度凝练、赋予情感、意象、节奏，且有音乐性等特点，它对书写者的要求非常之高。其实，诗歌对诗人的要求还不仅是语言天赋的要求，在远大的诗歌理想和崇高的诗歌精神之外，她还有更多的要求："个人历史化的想象力"、丰富真挚的情感、正直怜悯的心地、通天入地的敏感心灵、发现诗意的眼睛、遗世独立的批判精神……可见诗歌对诗人的要求是一种综合性的要求。所以，诗歌的写作是一种有难度的写作，诗人的称号是荣耀不是诅咒，我们要小心使用诗人这个称号，我希望我的写作能配得这个称号，这可能需要我毕生的努力。我这样的表达，没有轻看别的文学形式的意思，小说、散文、戏剧、批评等文字要写好一样都是有难度的，只是难度各有不同而已。

严力：进入诗创作后确实令人上瘾，因为很多以散文随笔甚至小说想表达的观念、观点，诗可以用短短几行就说清楚了。也就是人体按摩的点穴，如果没有点到穴位，再多的搓揉也解决不了问题。当然喜欢以情节故事来享受阅读的人更喜欢小说散文随笔，所以这些形式上百年来也就不能互相替代，能替代的都已替代掉了，剩下的都是有阅读人群的。诗的小众化不是它的价值问题，其中之一是它无法产生能压制其他形式的稿费，人们还是要在富足之后再讲精神，物质社会的精神追求一般来说是装点门面的，不过每个人用什么来装点的选择权也是不可侵犯的。

双一：以内涵与外延含量，除以语言的篇幅，得到的比值，诗是所有文体中最大的。布罗茨基曾说"诗歌似乎是惟一能够击败语言的武器——利用语言自己的手段"。好诗的语言，除了简洁精准，还能出轨，打破习惯的樊笼，给人惊奇，从而唤醒人们对词语的麻木，使人不得不放慢阅读速度，获得审美体验。

5：诗对每一个语种的传承与发展起到了什么作用？

寒山老藤：语言是具有时代性的，随着时代的变迁，不同时期语言的不可译性也会显现出来。现代汉语译出的唐诗宋词无法还原原有的韵味。诗是高度化提炼的语言，每个时代的诗语言都有着创新力和表现力，由此更新和丰富了时代的语库，进而起到了推高民族语言水准的推动作用。具有时代性的语言，既是语言发展不可或缺的一环，也是见证语言发展的印记。

岛子：汉语诗歌在当今最大的敌人是语言的暴力及粗鄙化，官话、媒体、科技话语、乃至教科书、法律文件无不在消解、阻遏、压制诗性的自由与魅力。汉语诗歌历史可能传承有加，前景确是阴云密布。保守一种干净的诗学，无异于寻找上帝的心跳。

邱辛晔：一种文字的千锤百炼，在诗最能体现。语不惊人死不休，只能在诗中；如果长篇小说也有此要求，将是不可能的任务——对作品和作家。

张耳：也许问题应该反过来问，"每个语种对诗的传承和发展起到什么作用"？我觉得诗或者诗意是跨语种的。所有语言都出诗人。各个语种的发音，组词，句法，写法各有渊源和发展进程，让诗呈现缤纷的语言世界。各个活着的语言都在不断变化，诗人应该是能在语言潮峰上冲浪的佼佼者？捕风捉影的玩家？

王键：要深入回答这个问题需要对语言文字学做些学术性的研究，这超出了我的能力。据说世界上已知现存的语言超过 5000 种，也有说法是 7000 多种，过去会更多，因为很多语种已经消亡，这是一个惊人的数字。尽管各种语言之间会有差异，可能差异还很大，但我相信每个语种都有自己的诗歌，用自己的语言"写出"的诗歌。而诗歌是语言中的精华，是语言中最为灿烂的部分，诗歌在语言上的简练，赋有情感、旋律、节奏和音乐性的特点扩大了语言的空间，给语言带来活力，提升了语言的生命力，这对于语言的传承和发展都有非常积极的重要作用。拿汉语为例，汉语是一种会意、象形的文字，很适合诗的书写，我们知道《诗经》是中国最早的一部诗歌合集，其实就是一部是诗选集，它的编选者是大名鼎鼎的孔子。《诗经》分为《风》《雅》《颂》，是用文字记录下来的歌谣、雅乐、乐歌，都跟音乐有关，非常便于传唱。因为要用文字记录下来，采诗官（西周专门设有采诗官）要用文字将各地的"歌乐"进行记录和提炼，使之更加优美、富有意境，这反过来也促进了汉语的发展。"诗"与"歌"自古就是一体两面的东西，那个时候诗歌便俨然成为了语言的代表，也是文明的代表，以至于孔子说："不学诗，无以言"。当然，中国古诗发展到唐诗时达到了高潮，诗歌成为上至达官文人下至草民百姓都喜乐和尊崇的东西，即使一位目不识丁的文盲，他也会李白的"床前明月光，疑是地上霜"的诗句，作为社会精英选拔机制的科举考试也必考作诗，诗歌成为一种文化和文明的力量，不断推动着汉语的发展。到今天，百年新诗摆脱了古诗在形式和韵律上的桎梏而进入了一个全新的阶段，诗歌与我们的生活更近，离我们的语言也更近，但世俗化潮流、禁锢文化和官僚专制体制的多重打击和侵蚀，极大地污染了我们的话语体系，优美的汉语正面临着危机，而新诗正以她的方式守卫着汉语的高贵和尊严，我们很难想象如果没有诗歌，我们今天的汉语会是什么样子。

严力：任何一种语言都崇拜简洁点穴的表达，随着时代的变化，每个当代严肃的诗人都在做着这方面的努力，因为时代的变化也产生穴位的偏移与不同，就需要与时代同步的诗人在这方面努力，这就是传承与发展。诗人不是群体，群体一般都喜欢口号，尽管有些口号来自诗人的诗句，而好的语句被政治与利益群体利用是常见的事情。

双一：固化与更新。诗中，惊人的字词组合被广为传颂后，能固化为成语或常用语，诗语言令人愉悦的节奏，也对语言的传承起到重要作用。但诗意的词语被固化成套语后，诗意就会丢失，需要新的创造来唤醒，而诗的责任即在于此。现当代诗仍然在努力打破旧壳，拓展语言边界，其对语言发展起到的作用和效果，有待未来去评定。

6：随着你创作的多年持续与深入，你对诗歌奖与稿费所持的态度有何改变，为什么？

寒山老藤：获奖自然是对诗作的一种认可。但必须清醒的是，奖项本身存在着它的偶然性、区域性及层级属性，还有评委的品味、同期参赛作品的品质状况等因素，所以作品获奖并不意味着作品一定很优秀。如果为了获奖，去迎合评委的口味，很可能会丧失自身原有的写作风格和方向，是用丧失自我去博弈兑换奖项。

现实的生活经验早就告诉我们，诗人是无法依靠稿费维持生计的，更不会幻想着以此来改善生活，所以稿费不再是诗人写作的动力。

坚持写作的人有着各自原因。受内心召唤，用诗表达出心灵的感动是很重要的一条。如我早过了张爱玲所说的出名要早的年龄，这也帮我卸下了功利心，写诗是想要留下感悟的文字，而不是因为奖项。我相信，这也是保持对写作的把控力的最重要的方法。

岛子：对于以诗为业者，这一定涉及到文学经济的议题。而必要的诗歌奖需要文明的可持续性、艺术伦理的公正性，表彰创造力的严肃性。除此，我不关心别的。

邱辛晔：与艺术品相比，文学的价格是极低的；在文学作品中，诗的价值和价格最不成比例。此亦其高贵之处。诗歌奖和稿费应看作对诗人认可的一种象征，而不是为诗歌贴上价格的标签。

张耳：我好像从来没得过任何有奖金的诗歌奖也不记得得到过像样的诗稿费。我欢迎有机会荣获诗歌奖，得到诗稿费。但随着诗龄增加，曾被邀请作为评委选择参选诗人和作品，我很尽力，生怕漏掉好诗，埋没诗才。诗歌奖与稿费想必对诗人是种鼓励？

王键：通过公正、透明机制评选出来的诗歌奖是对诗人创作的一种肯定，尤其是一些权威的奖项，但再权威的奖也有看花了眼或者看错了的情况，最好的例子便是诺贝尔文学奖，那么多公认应该获奖的大诗人与它无缘，发给了名不副实的诗人也不乏其例。所以，我们对诗歌奖项应该用平常心来对待，得奖和没得奖都不能说明什么，得了奖最好把它当作是一种鼓励和鞭策，没得奖可以把它当成是诗神对你的保护，尽管这样说很可能被人认为是酸葡萄心理，但奖项对诗人有时真的是一种负担和伤害，它会打破你的平静，改变你的生活，甚至让你坠入名利的虚妄之中，一些诗人因获奖而陷于自得和骄傲之中以至于使自己的写作止步。因此有些比较清醒的诗人拒绝获奖，历史上便发生多起拒领诺奖的事情，还有的诗人在被通知获得诺奖时感叹"灾难来了"。说到稿费，我不是"专业诗人"，不需要以诗歌谋生，也不需要用稿费补贴家用，因此对稿费不敏感。但我领过很多次稿费，感觉数额少得可怜，我不知道是不是小说和其他文学体裁的作品稿费标准会高些，我觉得诗人靠稿费活着是不可能的，这对诗人是极不公平的。当然，世道如此，我辈岂能改变？但是真正的诗人不会被诗歌奖和稿费所定义。

严力：创作者刚开始都有着被杂志刊物或人们认同的欲求，而奖项和稿费又是公认的标准，直到你发现这种标准常常是被权利与金钱操作时，那也是来到了十字路口，所以有时候你还会为作品被恭维而参与，有时候又会拒绝，……我更愿意参与民间的，无所谓有没有奖金，而互联网的视频与自媒体解决了发表的困境，我基本忘掉了用诗发表来获取稿费的事情。

双一：在诗歌领域，很少有人能靠写诗的稿费或奖金维持生活。诗歌奖和稿费只是对诗人创作的认可和激励。我写作初期渴望发表，拿到第一笔稿费或得到第一个奖时很受鼓励，如今我投稿或参与诗歌奖更多是为了交流学习，借编辑和评委的眼光帮助自己鉴别何为好诗，因为我更在乎写出的诗是不是好诗，而非其它。

7：你认为诗朗诵是一种表演形式吗？

寒山老藤：诗朗诵作为一种表演形式时，诗是表演的对象，演绎才是本质，不同的演绎会传递出不同的表演艺术效果。

而诗人朗读诗作时，诗是本质，朗诵是分享的方式。表演元素会被屏蔽或忽略，听者不会苛求诗人的表演才能，而是会专注于诗的内涵。此刻品诗的方式，由声音替代了文本，但本质依旧是诗的展示。

诗并不依附于朗诵而生存，而朗诵必须选择朗诵的脚本。

最好的品诗方式应该是屏蔽一切干扰的静读，用眼睛在文字间探秘，可以滞留、回视，那是过耳的朗诵所无法企及的。

另外，为朗诵而写诗，无法避免地会将朗诵表演的准则纳入诗的写作之中，为了符合过耳不忘的要求，文字上会仅可能地偏向简单易懂，这无疑会损伤诗的表现力。

岛子：不是。诗歌存在的本体在于阅读，在于形上的箴默，如果诗朗读、表演成为消遣娱乐，也未尝不可，但并非绝对必要的条件。"语音中心主义"是纯粹诗歌的误区，是因为声音的线性运行常常脱离语义，划向时间性导致的歧义。诗必须克服其与生俱来的时间性宿命，向意义的空间性衍义，关于这一点，庞德、艾略特那一代诗人做到了，构成了伟大的范式。简言之，诗付诸于歌唱与表演，它们的时间性限制、行为性依赖实际上耗散了诗的内在性和空间性。

邱辛晔：不是每一首好诗都适合读和听的。由于其形式，文字的微妙，大多数诗，看（阅读）是更佳途径。而适合读和听的诗，由诗人本人朗读，更有"诗"意。诗通常不是表演的好脚本。朗诵家再成功，也是完成了一项表演，观众的注意点是在表演者，诗倒成了配角。

张耳：由朗诵家表演的当然是表演。除了我自己在诗会上，为与别的诗人交流作的朗诵；那只是朗诵。

王键：我觉得诗朗诵是诗的另一种阅读，尽管它有表演的成分。如果我们不执泥于诗一定要是用文字写出来的东西，那么在文字发明之前，诗就存在，所谓出口成诗，口口传诵，那时人们写诗和读诗都是以"开口说话"方式，"说出"就是写诗和读诗了。当下的诗歌阅读当然是指阅读文字，跟读一首诗不同，诗朗诵，读者不仅要用眼睛来看，但主要是让耳朵参与进来，让朗诵者的身体参与进来，很多诗朗诵还有音乐、舞台的参与，一首诗的呈现有了更加直观立体的形象，它对于一首诗的理解是有帮助的。但并不是所有的诗都适合朗诵，更多的诗是不适合朗诵的，它们更适合一个人安静地去读它，甚至反复去读它。不可否认的是，诗朗诵对诗的传播起到了很大的作用。

严力：表演形式是汉语诗传统形成的，从古体诗的平仄韵律到白话文的现代诗，都追求现场感与即兴的掌声竞争，是偏于表面的向外喷射，有体育比赛的感觉。它还习惯于聘请专业朗诵者来朗诵，甚至配乐配舞地进行排练以求不出差错，（中文因地方口音的巨大差异，有时候确实需要讲标准普通话的人来朗诵），这一点对汉语诗人来讲确实有点无奈啊！但无论如何，娱乐剧般的烘托则是商业或利益的广告宣传。而西方诗朗诵的现场感则习惯并迫使听众静静地吸收到他们的体内去回旋……总之我认为由诗人朗诵自己的诗更能体现出诗中情绪的把握，但是千万不要追求舞台朗诵的效果，那效果把声音的个性掩埋了。最后要说的是，如今时代的好诗不会因为没有被朗诵而减少了它的价值，因为通过阅读它已完整地传达给阅读者了。

双一：是。但当听者听完一段朗诵后，从主观感受上，觉得这是一种表演时，朗诵就失败了。这是一个悖论。朗诵的目的是让人进入诗本身，如果诗是神，那么朗诵者则是神的使者，只为最准确地传递神的信息，让人认识神，而非让人关注他自己。另外，"诵"这个字有注重腔调之意，而腔调会赋予诗句额外的含义，即朗诵者的解读，会影响听者。或用"朗读"这个词更为合适。我读诗时，心中总有个声音在朗读，那个声音只读，不演，是我认为的最理想的"朗诵"。

8：大家都知道诗的广泛传播需要被翻译成其他语种，你觉得人工智能替代这项工作吗？

寒山老藤：我认为不久的将来人工智就能超过人类的翻译能力。它庞大的数据库和超速的搜寻配对能力远远超过人类，俚语、典故等难译的词语也将会比人类翻译更为精准。

岛子：不会。AI不具有终极人性，尤其它不具有诗人的个体主体性与差异性。

邱辛晔：人工智能再多快好省，它也是翻译者中的一位，提供一种文本。如果目的是翻译诗的内容，人工智能可基本信赖；如果把诗作为一种艺术，其翻译恐怕不具个性和弹性。因为它求"真实"，而艺术的创造远不止于真实。

张耳：人工智能也许可以用来做初译，最后的翻译还是要由翻译家和诗人一字字合作完成。我做过多年这项费力不讨好的工作，基本运用工具书靠肉脑肉搏。

王键：马斯克说 AI 是一种新的生物物种，我相信他这么说肯定有他的道理。按照他的这个定义，AI 很可能或者说完全有可能具备一些人的意识、逻辑思维、情感方面的特性，如果真的是这样，我觉得人类将被替代的工作是非常多的，目前比较一致的说法是 70%，我相信这个比例肯定不是最后的数字。从现在的技术进程看，我们已经看到了 AI 的威力，许多工作 AI 已经比人做得好。说到诗歌的翻译，它不是简单的语言直译，它是一项心智+语言翻译的工作，你不仅要准确表达原作的意思，还要翻出原诗的语感、气质、氛围，这不是一件简单的事。有人说诗歌翻译是一项创造性的活动，是译者在另一个语言里代替原著作者去写作，我赞成这个说法。这里的难度不是语言的难度，它是对译者的一种综合性的要求，译者参与的不仅仅是语言的能力，而是整个生命的投入，有时还要求译者像学者一样去做研究，去做考据求证。所以有人说诗歌是不可译的。翻译诗 AI 会不会比人做得好？目前看我不认为它会比人做得好。当然，一些比较简单的诗，比如一些语言很直白、抒情和意象都很直接的诗，用 AI 来翻译可能是没有问题，甚至在语言的地道方面会做得比人好。但很多诗我相信 AI 是翻译不好的，比如策兰、特朗斯特罗姆、阿什贝利、史蒂文斯等人的诗，我相信 AI 都翻不好。说到语言我想稍作展开，目前世界上已知的语言有 5000 多种，这么多的语言要靠人工去翻译几乎是不可能完成的工作。这么多语言存在的奥秘，按《圣经》的记载，是上帝为了打破人类建造巴比伦通天塔计划的一个手段，巴别塔计划最后的失败就是因为人类的语言被变乱了，不能沟通。因此是否可以理解不同语言的存在是上帝的意志？但自从巴别塔以来，人类从来没有放弃建造巴别塔的雄心，各种巴别塔都在计划和努力之中，AI 就是其中的一种。诗翻译可能是 AI 难以完全取代人的一项工作，但 AI 仍在演化和进步之中，它未来的能力会更加强大，但我也相信上帝的意志是不可超越的，AI会不会最终成为人类曾经流产的"巴别塔"计划中的一个，我们拭目以待。

严力：人类从蛮荒时期逐渐发展出来的不同语种，只有通过翻译能让不同语种的人互相理解文化习俗，从而减少误会和冲突，更利于了解人类的共性，求同存异，维持和平。我们都知道诗翻译因为报酬和难度的原因，几乎没有专业的从业者，所以我希望诗翻译者能获得非营利机构的赞助来从事翻译，因为目前阶段的人工智最多能分担一小部分比较直白的诗翻译。

双一：不能。弗罗斯特说：诗是翻译中丢失的部分。也就是说，诗最本质的不是它的意思，而是它的诗意。诗意产生于意象、隐喻、错搭、声音、节奏等很多因素，人工智能或可译出字词的意思，但对诗意的呈现和传达大都无法胜任，这需要翻译者创造性的参与，有时甚至是翻译家无法实现的理想。

9：你是如何选择和滋养某种詩歌写作风格的？ 你如何看待风格与思维及表达的关系？

寒山老藤：情感思维是诗人要展现的内核，理性或感性；展现内核的手段就是表达，表达是一种技巧，直接影响到诗的表现力；相对固定的技巧组合就是表达风格，表达技巧和风格不会影响思维本身，但影响读者的阅读体验。

个人的写作风格表面上是诗人在情绪感受上对世界的映射，本质上是由个人的认知构成所决定，包含了诗人的生活环境和经历的构成要件。我认为风格是被决定的。即便是随着阅历的增加、环境的变化、认知的提高、以及心态的转变，写作风格在原有的基础上有相应的修正，也是受认知的变化所致。刻意去模仿某种风格，因为缺乏匹配的内核特质，容易产生牵强或违和感。

诗，最重要的是要写自我。诗的支撑点最终还是落在诗人自身对人生与社会的思考上，思考的层级越深，诗越有生命力。在思考中慢慢滋养成型的表达技巧和风格是最完美的。

我认识到童年时代被灌输的政治教育和现实生活之间存在着的巨大反差是在文革结束后，特别是受八十年代初期出版的大量的西方译著的影响，世界观的颠覆造成的冲击产生的只是那种无法形容的沮丧。或许缺乏有效的引导，又喜欢悲剧性的文学著作，逐步滋养了我日后的悲观主义情愫。直到步入老年，才逐步地释怀，逐步自我解脱，用一种轻的方式去看待世界。说是释怀，确切地说是逃避，因为面临的是无法改变的世界，又无甘于沉溺的性情，就用尽可能广的视角去表现，作为给自己或别人的认知记录。表现在文字上，也逐步收敛情感表露，甚至近乎第三者的视角去思考，情感与理性的平衡态不再是一头翘。但我也相信，过于的平衡会失去动感，失去张力，失去诗的活力，诗毕竟还是一种情感活动的再现。

岛子：很难说清自己的诗歌风格特征为何，关系到师承借鉴问题。对我而言，发明意象很重要。意象构成的语义链条如同块茎的生成，串联，自由衍生，秘响旁通，显露三分可见即是一种严格的尺度。诗是形上的箴默。进入晚年，我更期望让圣经箴言成为圣化思想的基石，如同草书的创作实践令每个汉字草化，让"神的灵运行在渊面上"，也进一步理解了切斯瓦夫.米沃什为何重译圣经、归向神学、历史与形而上的沉思，如其《第二空间》所为。

邱辛晔：诗歌风格是写作者的选择，涉及到他之"意愿"和"能否"。前者是天空，后者是大地。理论上说，任何一种思维、感情，能用任何一种语言风格来呈现。但在技术上还是有适合性。换言之，某种想法确实有更佳、最佳的诗歌风格来诠释。这犹如长枪和手枪的用途不太相同，一般人在特定场合只能用其一。但也不排除伟大的枪手，用手枪也能当狙击，使用长枪还能在狭窄的空间抽身玩出花样。

我早期的现代诗偏于抒情，放有余而收不足；近几年关注智性诗，认为符合自己的个性特征，常学习用诗挖掘理性和哲理的思维。如何在后者融入更多的、恰当的个性化，在个人感性的层面之下触及人性的普遍性，予理性以绿色生机，是今后写诗要多考虑的。

张耳：我目前通常为每一本诗集，进而每首诗选择诗写作的外在形式。心绪与写作形式的关系是个有机磨合的过程。生活，身体，年龄的变化，以及周围世界的变化与作品的成色都关系密切。我无法事先清楚地计划每一首诗的模样，但在写作过程中模样就渐渐明晰起来。是思维也是风格也就是诗的"表达"？说"体现"可能更准确一些吧。我能选择的是写作过程和外在形式。虽然这也不是板上钉钉的刻板规矩。也不一定彻头彻尾地坚持。而写作过程和外在形式的选择，常常与当时正在考虑的问题，或想在写作中解决的难点有关。又常常从别人的创作（除了诗，还包括音乐，舞蹈，影像或绘画）借鉴其他艺术家的方法。

王键：形成风格是一个积累和沉淀的过程，很难讲它是你主动选择还是被动形成的。当然，思维和观念在形成风格的过程中起了重要作用，但一些别的因素如诗人的天赋、气质、审美、性格、同行的影响等也会发挥重要作用。风格意味着陌异性，意味着辨识度，但它也意味着重复、定式、模式化，因此对它应该保持适当的警觉。艺术大师比加索在他创造性发明了立体主义的画法之后，获得了巨大的声誉和成功，但他并没有满足于此，他对已形成的风格非常焦虑和警惕，不断激励自己创新图变，这才有了之后的新古典主义、超现实主义、表现主义的毕加索，因此我们才能看到一个不同时期的、非常丰富复杂的艺术大师。当然，我们很难摆脱个人风格化的命运，这需要我们毕生的努力，需要一颗喜欢冒险、探索和创新的心。

严力：我摆脱不了在国内成长期时所经历的苦难体会，也摆脱不了表达人间亲情的天生欲望，上世纪七十年代选择诗的形式是利用它的晦涩和隐喻，既能让憋屈的自己用诗喘口气又想躲避文字狱的网。久而久之，发现社会动荡是因为人的原罪没有被放进规范的笼子，或是被拆掉了已有的文明制衡所造成的，而自上而下的反省是一个社会得以进步或保持文明的唯一出路，并且必须还原到个人，只有个体的文明越来越多，才能造成社会的文明现象。所以这就形成了我的人体风格，无论它穿西装还是唐装，是现实还是超现实抑或浪漫还是象征主义甚至口语，我努力靠拢的都是一个方向：如何把反省与文明的落实作为一个成年人的专业。

双一：风格并非刻意的选择，而取决于诗人的个性、阅历、学养、诗观等诸多因素。每个人是独特的，在经过各种尝试，找到适于自己的发声区，坚持练习，逐步成熟后，风格自然形成。要广泛阅读，从各种不同的杰出诗人那里汲取营养，然后寻找我个人最欣赏、与自己的精神世界最契合、最能影响我的诗人，系统地读他（她）的作品，这能最大地帮助我的写作。思维的广度、深度、方式；心灵结构、审美与价值倾向、信仰立场、对世界的态度；表达的技术、手段、节奏、语调等习惯，都会影响风格，风格是这些因素的叠加，是诗"人"在作品中的投射。

对话:"创造之手的传递"

——本文为王家新与美国著名华裔诗人、国家图书奖获得者施家彰(Arthur Sze)2024年5月18日在新墨西哥州圣达菲国际文学节上的对话。

施:谢谢圣达菲国际文学节,请来了中国诗人王家新并安排我们从事这样一场对话。家新,刚才主持人介绍了你多年来的创作成就,现在你可以向我们简单描述一下你是怎样成为一个诗人的吗?

王:谢谢施家彰先生。你知道俄苏诗人曼德尔施塔姆,他曾说过"诗是偷来的空气"。对我来说,也正如此。我来自中国湖北省西北部山区,成长于"文革"期间。我的父母是中学和小学老师,因为他们的出身问题,那时遭受到很不好的待遇。在那个年代,我深感孤独和压抑,我偶尔有机会读到的书成了我的唯一安慰。诗歌的种子也就那样落在了我的心中。这是命运的馈赠,它让我在寒冷中燃烧。我的这种经历,也许正好证明了奥登在一首诗中所说的"寒冷造就了一个诗人"。

施:你谈到了"寒冷"对一个诗人的造就,在介绍你的诗之前,让我读一下我翻译的唐代诗人柳宗元的《江雪》,它正好与你的《冰钓者》一诗形成了对照。(施家彰的英译略)

王:我很喜欢《江雪》这首诗。在巨大的空旷和彻骨的寒意中,这首诗表达了一种孤绝的个人意识。最令人惊奇的是它的最后一句"独钓寒江雪",你看,不是钓什么鱼,而是独钓"寒江雪"!什么是诗?这才是。

施:是的,诗歌作为一种"钓"的形式,但它钓的是意义!我也很喜欢这首诗,它是一幅画,在巨大的风景和事物中,一个人是多么的渺小,他融入了广阔的风景中。这与西方的视点截然不同,在西方,人类通常被描绘成拥有更大的空间。

　　王:你的感觉是对的。西方的许多诗人倾向于在诗中表现自我。但是在中国,我们有很丰富的传统,除了像屈原、杜甫、李白那样的具有强烈主体性的诗人,我们还有像王维这样的"无我"或"去我"的诗人。在中国古典绘画中,人也只是其中的一个细节,但绝不是处在"宇宙的中心"。多年前我曾说过:"诗人创造了一个世界,为了在其中消失。"显然这也受到过中国古典诗学的影响。

　　施:你谈的真好!现在请你读你的《冰钓者》,它令人惊异,我认为它也特别会引发共鸣。

冰钓者

　　在我家附近的水库里,一到冬天
　　就可以看到一些垂钓者,
　　一个个穿着旧军大衣蹲在那里,
　　远远看去,他们就像是雪地里散开的鸦群。
　　他们蹲在那里仿佛时间也停止了。
　　他们专钓那些为了呼吸,为了一缕光亮
　　而迟疑地游近冰窟窿口的鱼。
　　他们的狂喜,就是看到那些被钓起的活物
　　在坚冰上痛苦地摔动着尾巴,
　　直到从它们的鳃里渗出的血
　　染红一堆堆凿碎的冰……
　　这些,是我能想象到的最恐怖的景象,
　　我转身离开了那条
　　我还以为是供我漫步的坝堤。

　　施:现在我读我对这首诗的翻译,然后请你谈谈这首诗的创作。

（施家彰的英译略）

王：谢谢你的翻译。我们一开始就谈到柳宗元的《江雪》。但是我的这首诗很不同。我试图在这首诗中揭示更残忍的真实——甚至让我自己也感到震惊的真实。

我在北京远郊有一个小乡村房子，附近的山脚下就有一个水库。这首诗来自我的真实经历，在今天看来，它仍是我们生活的某种写照。美国著名批评家弗雷德里克·詹姆逊（Fredric Jameson）认为所有现代中国的写作都是关于中国的"寓言"。人们当然可以从这个角度来看我这首诗。比如诗中的"旧军大衣"这个细节，人们就可以把它看成旧时代的某种表征，还有那些"为了呼吸，为了一缕光亮"而迟疑地游向冰窟窿口的鱼这样的意象，人们也可以从中读出隐喻的意味。但是，这首诗首先出自我之所见，出自我之经历。这里，我愿引用美国著名女诗人简·赫斯菲尔德（Jane Hirshfield）在读到我的一些诗、包括这首诗后给我的来信："你为你这些诗找到了如此有力的声音。它们给了我阅读真实事物的欣喜。许多已出版的诗歌，即使写得挺好，也像是一堆雾，很容易散去。而你的诗是看和说的基石。"

这样的评论，虽然对我来说有点过奖，但也确实是我长久以来的写作目标。作为一个诗人，我拒绝一些简单的思想表达，而是试图让我的诗成为"看和说的基石"。我要给读者提供的就是这些，而他们怎么读怎么阐释是他们自己的事。

另外，作为一个诗人，我也很注重语言和每一个用词，为了使一首诗获得它最大程度的张力。这首诗我写于多年前，一直放在那里未发表，总觉得还缺一点什么，后来修改时，忽然有了"在坚冰上痛苦地摔动着尾巴"这一句。加上了这一句，这首诗才获得了更强有力的生命。

施：诗中的结尾的确令人惊奇，也导致了一种觉悟。我也能体会到"旧军大衣"这个细节如何暗示过去的在场，这导致了观看冰钓所发现的黑暗经历。你试过冰上钓鱼吗？

王：对我们来说，过去并没有真正消失，我们仍生活在它的阴影中。至于冰上钓鱼，我没有试过。当我还年轻时我曾在河边和海边钓过鱼，我尤其喜欢夜钓，因为想感受到大海的神秘。但是后来我不再钓了，因为太残酷。

施：现在，让我们转向另一首中国古诗，李白的一首非常抒情的诗《月下独酌》，写于公元 740 年。这些中国古诗的清新和当下在场感令我惊叹。请你读《月下独酌》的原文，然后我读我对这首诗的翻译。(《月下独酌》原诗及译文略）

王：我喜欢李白的这首名诗，你的翻译也真好。诗人深感孤寂，遂举杯邀请明月共饮，最后又返回到他在人世间的孤独。

施：我赞叹李白的创造力。诗中说话的人可能是孤独的，但突然之间，影子和月亮就会上演一出戏剧，它们之间的分离和重聚是普遍存在的。我知道作为一个诗人，你也从李白的作品中找到了灵感。我相信你有一首受李白启发的特别的诗——《传说》。

王：是，这首诗是我访问李白晚年生活的安徽当涂及其杨子江一带的"诗人捞月处"后写下的，在具体写作上，它不一定受到李白启发，但它肯定与李白的存在深刻相关，现在我读这首诗的原文：

传说
——给杨键

在安徽当涂，我很难相信李白
就埋在这里的青山下；
纵然人们很早就修造了墓园，
纵然我在诗人之墓前停下的那一刻，
也曾感到了
一种千古悠悠的孤寂。

而接下来，在采石矶，
在临江而起的悬崖上，看到"诗人捞月处"，
我相信了这个传说。
我相信了这个传说，如同我感到了

某种让我惊异的冲动，
不是因为醉酒，
更不是出于幻觉。

归来，
坐大巴穿过村镇；
在尘灰和泥土里生活的百姓，
在屋檐下，或在突突冒烟的拖拉机上
失神地望着远道的访客。
我看着他们，我相信了这个传说。
我相信了这个传说，
如同我在这颠簸的尘埃飞扬的路上，
在一阵揪心的悲痛中，
再一次相信了贫困、孤独
和死亡。

我相信了这个传说，月亮
就为我徐徐移近。

我们的一生，
都在辨认
一种无名的面容。

　　施：真是很美妙的一首诗！听你读原诗，我更感到汉语是一种有声调的语言。我很高兴听到这些声调，体会到你诗歌中的节奏。翻译是一项不可能完成的任务，我来读 Diana Shi 和 George O' Connell 对这首诗的翻译。（译文略）你能谈谈这首美妙的诗吗？

　　王：好的。有人说西方诗人更多写太阳，中国古诗人更多写月亮。确实如此。但是为什么会这样？

　　无论怎么说，因为李白等诗人，月亮成为中国诗的一个象征。在南京附近面对扬子江的临江悬崖上，就竖有一块石碑"诗人捞月处"。传说李白因为醉酒，看见江中月亮的倒影，以为是月亮本身，就跳入江中捞月，传说李白就是这样死的。

随着时间的流逝，李白成为了一个浪漫神话，人们也相信了这个传说。

但是，历史和现实变了。作为一个诗人，我想我们需要摆脱很多东西，才能进入到我们自己的现实。诗人叶芝在一首诗中就写到：他需要摆脱"文化的幻觉"，要告别埃及、希腊，罗马，一直追索下去，最后才能来到"那现实的荒野"。这也正是我在这首诗中所做的。人们把李白塑造成一个爱酒和月亮的浪漫诗人，而我从我们的真实出发，进行了某种"还原"。我想，只有我们深切体验到贫困、孤独和死亡，我们才能真正进入到诗的起源，月亮才会为我们"徐徐移近"。

而这个月亮意味着什么？仅仅是我们孤独时的一种安慰吗？我不会也不可能给出答案。我要做的，是抬起头来，用我们的一生来辨认这"无名的面容"，它超出了一切语言的描述。

施：我喜欢"无名的面容"这个观念，这的确是所有语言都无法描述的。诗歌与命名、描述、甚至与演绎无名之物有关——用有限来延伸并试图触及无限。人们通常认为诗歌很难，但实际上，它只要求人们以开放的思想和精神来倾听。诗歌可以用寥寥几句话深深地打动我们。

王：许多西方人都知道老子的《道德经》，它的开篇是"道可道，非常道。"意思是可以表达的道都不是真正的道。道是不可直接表述的。这奠定了中国美学的基础，当然也深深渗透在我的写作意识中。现在我想更多地知道，你的翻译是否也给你自己的写作带来了什么？你如何与你翻译的李白、杜甫、王维进行对话？

施：我曾多次谈到我的创作与中国古典诗歌的联系。翻译是最深刻的阅读形式。当我翻译的时候，我必须一个接一个地译出这些字词，但在这样做的时候，我把语言个人化了，从内心活出了这首诗。随着时间的推移，我翻译的诗歌已经融入了我的血液。在翻译李白那首《月下独酌》很多年后，在我自己写一首诗并寻找结局时，李白诗中的形象来到了我的脑海中,我只能说,它只是在事后才对我产生了影响。直到写完这首诗,我才意识到我从李白那里得到了灵感。我这首题为《蒸腾作用》的诗是这样的(原文略,以下为史春波的中译:)

> 后院的李树枝萌发新叶——
> 冰盖融化时分叉的水流——
> 当你走近喋喋不休的喜鹊——
> 丁香树探向路边,枝头的紫花颤巍巍——
> 正午的阳光迷蒙了青草——
> 你顺势进入夏日的波动——
> 矮松气味在壁炉中毕剥作响——
> 萨克斯风的蓝调音符隐入空气——
> 不是沙漏中沙子在逃逸而是我们的身体在点燃——
> 以水蒸气的形式从一个生命体中挥发——
> 这橘色太阳与野火烟雾的世界——
> 这铁屑向南北极拉伸的世界——
> 你低头系鞋带时水银迅速流动——
> 当你站起身,两眼如井水充盈——
> 你是否曾以最大的谨慎生活?——
> 你是否曾像树叶的边缘那样表达情感?——
> 请把你的呼吸调至草木季节性的节奏——
> 一边凝视盐滩上的湖水,一边啜饮一道银河的倒影——

施:现在我想问你,你如何使翻译成为你写作生涯中如此重要的一部分?你是如何接触到保罗·策兰的?为什么他和你翻译的其他诗人对你如此重要?另外,我知道你在欧洲生活了数年,也多次去欧洲访问、朗诵,这对你理解和翻译策兰有帮助吗?

王:首先,我想说,我不是一位职业翻译家。我只是一位诗人。我翻译的诗人,都是我自己高度认同、热爱、能让我燃烧、甚至让我流泪的诗人。不然我不会去翻译他们。中国的一些诗人说我通过翻译创造了一个我自己的诗歌家族。我想也可以这么说吧。

你提到我对策兰的翻译。我用了三十年的时间来阅读、翻译和研究他。我有时甚至让这位伟大的德语犹太诗人占据了我整个的存在。好像我是为了他而活着似的。但我感谢这种翻译上的牺牲。我翻译策兰等诗人，就是为了使他们的诗在汉语中获得新的更强有力的生命，同时，我也因为这种翻译加深和扩大了我自己的存在。

另外，从事翻译，也出自我作为一个中国诗人的责任。比如我翻译了美国乌克兰裔诗人伊利亚·卡明斯基的《聋共和国》。我读到原版诗集后深受震动，它真是写得太好了！这样的"聋共和国"，也就是"良心共和国"。我必须把它翻译出来，让中国的读者和诗人们也能读到，用一位批评家的话来说，"照亮我们共同的聋哑"。

这里，我愿读我近年在纽约长岛写的一首诗。在这首诗中，我写到德国艺术家安瑟姆·基弗（Anselm Kiefer）近年在巴黎举办的一个"献给保罗·策兰"的大型展览，我先来读这首诗的原文：

"致敬保罗·策兰"：基弗在巴黎的展览

　　装载烧焦石头的手推车
　　玻璃柜里的集中营
　　铅灰色的布满巨大伤痕的画布上
　　粘满枯褐色的止血蕨草……

　　这是在巴黎，一座废弃皇宫内的大型展览
　　一个从第三帝国冒烟的砖窑里
　　逃出来的画家诗人
　　他是在向保罗·策兰致敬吗

　　七月的空气更炽烈了
　　北极圈里的冰融化
　　这里，烫人的水泥大街上布满影子
　　远处传来加油站排队司机的一声咒骂

而我的视线从带着弓形箭头的
乌克兰地图上移开
我们看不见的黑色太阳群在我们上空燃烧

施：我来读我的译文，在翻译过程中我也深受触动。（施家彰的英译略）

王：谢谢你强有力的翻译。这首诗我写于两年前。在这首诗中，我借助基弗的展览和策兰的意象来见证我们当下的存在。读者可以感到，我运用了一种时空交叠和意象并置的手法：奥斯威辛的阴影，可怕的气候变化，残酷的仍在乌克兰进行的战争，等等，诗最后是"我们看不见的黑色太阳群在我们上空燃烧。"

这个"黑色太阳群"的意象，我想人们一读就知道来自策兰。对于策兰，从他得知他的父母死于纳粹集中营的那一刻起，太阳就变黑了。请大家注意：策兰"黑色太阳群"用的是复数形式，它比单数的"黑色太阳"更为可怖。

施：这首诗真是太棒了！所有的艺术都是交织在一起的，彼此之间有着深刻的对话。诗人通常会借用已有的文本。他们改写，重新设想，更新原作，并触发新的感知，对应于今天的世界。翻译对我自己作品影响的另一个例子是翻译杜甫。这是我翻译的杜甫的《羌村》（译文略），看看我是如何把这首诗的开头"峥嵘赤云西"所写的背景重新设定在新墨西哥州北部的波华克山谷，这是我的《红呼吸》一诗的开头："西天边几朵褴褛的红云——"（该诗原文略）

王：奇妙的诗！你用了杜甫诗中的一句，但又产生了另一首很不同的好诗。这让我想起了法国诗人勒内·夏尔（René Char）所说的："我们只借那些可以加倍归还的东西。"

我们谈起杜甫，对我来说，他不仅是一个千年前的伟大诗人，他也是我们的同代人。他仍然活我们中间。一方面，我们仍在重复他的命运，仍在写他没有完成的那首诗。但另一方面，我们不仅要继承传统，还必须以我们这个时代的、也更新颖和富有创造性的方式来继承。比如你曾翻译我的《旁注之诗》（六则），在其中我就写到杜甫，我用了杜甫诗中的几个意象,但又像埃兹拉·庞德(Ezra Pound)所说的"make it new"("让它变新")。你能否先读一下你的译文?(施家彰和王家新先后读其英译和原诗)

2021年的杜甫

当代的一些诗人,也就是些鹦鹉吧,
在争啄那几粒稻米。
而从我童年的那棵大树上,
有凤凰飞来。

王:是的,这就是我的杜甫,一个仍行走在我们这个时代的杜甫。

施:凤凰为诗人们"从童年的那棵大树上"飞来,而你的来访在一个非常愉快和特殊的场合。感谢圣达菲国际文学节使你的访问成为可能,谢谢你的诗和你这次美妙的谈话,谢谢每一位来的听众!

散文随笔

严力作品 状态三

夜读三记

思静夜（武汉）

有两种力量攫住了我们，而在两种因素和对立两级的彼此消亡和矛盾中，却生长这神秘的深度和巨大的广度。——黑塞只有出离并让渡自我，方可见物。其实也不是见物，而是物见（现）；我在物后，物便出离它自身而走向我，物得以自身绽现。

一、夜读《纳尔齐斯与歌尔德蒙》（黑塞）

毫无疑问，每个人体内都有两个彼此依靠而不得不分离的部分，像黑塞的纳尔齐斯和歌尔德蒙一样。总有不知来自何处的隐秘呼召，代表人性中不可或缺的一部分：它崇尚理性、秩序、灵性，为了祛除欲望和世俗的尘垢，情愿忍受严酷的自我鞭笞，以便掌控和支配肉身以及运行其上的世俗力量。但只有神知道，纳尔齐斯是怎样爱着歌尔德蒙，甚至胜过爱自己——这暗示了哪怕神性之力如纳尔齐斯这样强大的人，其内心深处依然另有一股力，让他渴望那些尘世的危险和欢愉，渴望不回避污浊和鲜血的冒险以及浪荡却丰富的人生，渴望为了爱而一次次没入人性最深沉的黑暗，渴望贴近凡尘的一切：那疯狂残酷又鲜活的美丽生活。但纳尔齐斯为了神，把他的青春、激情、享乐、爱以及他的心和感官都统统钉上十字架。他赶走心爱的朋友，在密室中将自己鞭笞得鲜血淋漓。但纳尔齐斯与其他神父不一样，他珍惜歌尔德蒙，他肯定凡尘的一切，他直面这来自生命最深处的痛苦和矛盾。而歌尔德蒙就是那世俗的代表。他要亲自走一条生活之路，亲自去寻找生命的意义，而不是仅听命于神的安排。这个感官敏锐情感强烈、渴求爱、满世界去追寻母亲（不仅是爱的代表，也是欢愉和死亡的代表)、寻找自我的流浪者,跟随着肉身、感官和心灵的呼唤,游走于尘垢和污泥;甚至情愿忍受饥饿与寒冷,有时也沉溺于尘世的狂热和混沌的情欲。但他始终坚守自己的信念,并勇于直面人性的残酷野蛮和狰狞面目,甚至让自己几次陷入绝望和死亡的境地。他内心最深的一角永远留给纳尔齐斯(连他最爱的女子也无法企及),留给超拔于感官和尘世的精神力量和神性。正因此才使得他能在走投无路时,被一个圣母木像所散发出来的光芒和爱所震撼所感召,激发出沉睡于他身体里的创造力,从而跃升为一名卓越的艺术家。如果没有纳尔齐斯,歌尔德蒙只是一位听命于命运、沉迷于感官、猎情弑父而死不足惜的平庸者。但歌尔德蒙因着那份不灭的精神力量,拯救了自己,在自己的作品中抓住了永恒和神性,最终他安然地死在纳尔齐斯的怀中。他临终之言透露出神性之爱与人性之爱密不可分。正是这份遗言灼烧着纳尔齐斯。恰如纳尔齐斯对歌尔德蒙说:"比起我们崇尚灵性的人来,你们的出身是母系的,富于爱和感受力。你们的故乡是大地,我们的故乡是思维。你们的危险是沉溺于感官世界,我们的危险是窒息在没有空气的太空中。你是艺术家,我是思想家。你酣睡在母亲的怀抱中,我清醒在沙漠里。照耀着我的是太阳,照耀着你的是月亮和星宿,你的梦中人是少女,我的梦中人是你……"(原文是少年男子,我做了改动,私认为歌尔德蒙的人生之路就是纳尔齐斯为了神而舍弃但又遗留在内心的尘世之梦)。对于我个人而言,歌尔德蒙因着爱而得以体认那融于天地之间的狂喜让我感动不已,而纳尔齐斯为了坚守神性不得不忍受巨大的痛苦则更另我为之动容。每一个完整的人,体内都有两个彼此依靠而又不得不分离的部分:纳尔齐斯和歌尔德蒙。因这份撕裂而倍感痛苦,也因着这份痛苦而不得不遵循内心的召唤去走一条自我追寻之路,一条自我拯救之路。正如黑塞评价陀思妥耶夫斯基时说到:"有两种力量攫住了我们,而在两种因素和对立两级的彼此消亡和矛盾中,却生长这神秘的深度和巨大的广度。"

二、夜读吴冠中先生画作

凌晨三点,无眠。夜空浩渺天地幽阒时,一份根植于人之本体的孤寂就变得伸手可触。突然想起吴冠中先生的画,便起床翻箱倒柜找出来看。本也不懂绘画,可此刻似乎悟到了什么,突然明白什么叫神韵,而后惊叹不已:一支小小的笔可以画出任何一件物的神韵,这真是一件神奇的事。原来神韵就在物表面,就在简简单单的线条和颜色之中——大道果真至简。我仔细端详那些画作。单个的物、线条和颜色都充满神韵;物与线条与颜色之间,以及每一个细节与整张画之间,也都如此,张力如满弦之矢含而未发。神韵无处不在。任一线段及其曲度,任一色及其深浅,甚至任一处空白及其所蕴含的虚空,都指向物之神韵。神韵荡漾于细节里,也弥漫在细节与整张画作的关联之中。特别喜欢那浓墨重彩的一坨黑,以及那轻描淡写的一弯钩、一垂线。不懂行话怎么说,算是外行人看个喜爱吧。除了神韵之外,看他的画,总有两个词直扑扑往我脑海钻:生命与自由。一砖一瓦一枝一叶、一根纤细的电线、一只寒鸦,都活生生的,都自由自由着。掩卷而思,感慨万千。吴老先生的画仿佛在说:不是我看我写我画我思我想,不是站在"我"的位置衡量万物——若如此,物就会躲着"我",回避我的观看,逃避我的捕捉,我看到的写到的画到的想到的永远只是"我",而不是物。因此必须出离自我、让渡自我、从我走出,而后得以进入万物,融入万物,站在物的位置想物之所想看物之所看。只有出离自我进入他者,方可见物。其实也不是见物,而是物见(现);我在物后,物便出离它自身而走向我,物得以自身绽现。如此这般,人方可与物汇合,一同绽现,从而抵达物我两忘。这大概属于天人合一之一种,大概也是人走出为人之孤独命运的一条可能路径。

三、夜读友人留言

深夜友人留言说:不喜欢知识分子写的东西,太沉重。倒是那些民间业余爱好者写的东西灵动轻盈。我一愣,不知如何回复。私以为中国很多文人还没有学会什么是沉重,以为沉重就是阴郁不好的、老钝甚或行将就木的。其实这不过反映出他们的思想还没达到这般程度:看透人之为人的大不幸,认识到人与命运之间不可调和的冲突与对峙,承认人性中始终有此消彼长的两股力量,比如美丑、善恶、生死、虚无与希望、神性与魔性。人性中有不可根除的矛盾——人的高贵恰在于他能承担起他的矛盾。他们的精神世界还没有受到无限性和彻底怀疑论的撼动。又想起李泽厚先生三种文化论：西方文化（大约指两希文化）是罪感文化，日本是耻感文化，中国是乐感文化。确实，中国人再苦，也要苦中作乐，日常用语随处可见：乐不思蜀喜闻乐见，乐得怎样怎样，过把瘾就死娱乐至死等等。这种乐不是生命的轻盈、灵魂的通透，而是一种浅层的满足，正所谓知足常乐。换言之，这种浅层的满足就是活着真好，活着就好，活着最好。总而言之：知足吧，还活着呢要闹哪样。活有余力后，最多不过延伸出轻飘飘的诗意醉意逍遥快活意：游个山玩个水诗个情画个意，如此而已。当然最高境界是逍遥于天地之间，与天地合一，所谓人生之善莫过这场好修行。中国文化很少如两希文化那样对人性、精神、灵魂、生死、无限、神性、罪性等这些终极问题进行锲而不舍地探索、质疑和追问，从未勇敢地与自然性（甚至也与神性）决裂，更遑论触及自我触及人心，既无"人心是无底深渊"的痛苦领悟（奥古斯丁），也难明白"不可长久凝视深渊"（尼采警句）的深意。如上述那般，并非真有什么天人合一。只不过是天人浑一。因为合一首先意味着分裂分离分别，然后才是合、才是一，才真正抵达天人合一、人神相通，最终或能像极少数人那样得以在理性迷狂、艺术迷狂、神性迷狂里窥见如电光火石般耀眼的一瞬。智慧、和谐以及幸福都不是轻飘飘就能得到的。它们并不是平坦道路上随便散落随意拾取的珍珠。相反，它们必须在痛苦的磨砺中铸就。"浑一"只不过是退回自然状态。对人性、对自我的探索才刚刚起步，却因缺乏能力和勇气走下去，于是退回母体（自然）去逍遥罢了。而真正的痛苦是明知无路可走也要走下去的，明知命运之无常仍要抗争，明知结局不过死路一条但吾往矣。此等人格意识已有这般精神体验：生而为人的大不幸，生来就孤独的个体命运，无可回避的本体论虚无，人之有限性的无可奈何，抵达他人、抵达无限、抵达神性的艰难与无望，身心的二元分裂以及由此带来的日常痛苦与矛盾，人性之恶的顽固性与可怖性等等。这条人之为人的精神之旅必须要面对的这些精神体验、生命体验、灵性体验统统没有，何谈天人合一，何谈人性（最多是手段高明一点的兽性），何谈精神何谈深沉厚重质感悲壮的艺术，何从谈起？无从。

观 云

山樆（成都）

连续几日，晚间皆有月出。

昨日夜半，见户外天河一轮明月，月圆如玉盘。

明月四围是银白色的云彩，薄薄淡淡的，如团絮如轻沙。倏尔月藏云后，唯余半月，如影迷离，骤尔复出，光彩熠熠。

云彩下方灯火通明，灯火染红了天边，予天以瑰丽的色泽，于是静穆银色的天，也多了些柔和昏黄的光。

明月煌煌，夜间寂静的世界忽而大放光明，像是寂静中的狂欢，天地一切似乎水流花放般涌来。

月亮游移，而云朵也在微微移动，变化形状，聚龙又散开，任意飘动。

犹记年少时，曾接到某君来信，云己月下望天，见天边大片大片洁白云朵浮动，忽而想到我。

那时，我才注意到，原来有月的夜晚，也会有云。于是月明之夜，我也会在月下，凝视云月久之。

曾在同一片天地下同时望月的人，后来也终于再无音讯。

昨日晚间写书法，大篆，听杨千嬅歌曲「每当变幻时」，单曲循环，边写边听，一种默默气息似乎在流动，歌中唱道，「常见明月挂天边，每当变幻时，便知时光去」。

听着听着，竟神动心摇，双目濡湿。如诉的音乐似乎与我魂魄融合，忧悒无端升起。

近日偶尔听到德永老师讲「断舍离」，其中有一言，大意是舍弃与往昔过深的情感联系，过于专注以往，今日的一切也会悄然中失去。

闻此言惊觉，生之最首要者，即在当下。

晚间课上，简老师聊及他以前的一位老师，一日，他与同学去看老师，进屋后，老师即招呼他们看月。

且说及自己，经常会一人沏茶，喝茶，又一边看云。

看云「崒兮直上，忽兮改容，须臾之间，变化无穷」，于是乐在其中。

我亦曾经常观云，曾北方看云，秋清气爽之际，湛蓝天空下，白云任意舒卷，也曾高原观云，天蓝深似海，白云洁白光洁，纤尘不染。

云之美，在形，轻盈无定形，柔美多姿，随时做无目的的游走，形状变化莫测。云之美，亦在色，洁白无暇，常让人凝视它时不再作它想，也可以任人注入诸多幻想。

细细想来，有时个人也如团云，尘世便如天，人于其间行过，不知所终，至于游至何方，形状如何，似乎皆在于风，而风里，却暗暗潜藏了称之为命运的东西，让人随意不得。

旧作钩沉

辛晔（纽约）

其一·蜜月

父亲病重时，来了一位中年人。戴眼镜，斯文，说话轻声细气。父亲很高兴，原来是复旦历史系的老同学。父亲在病榻上，但兴致却高，两人谈了很久。我那段时间几乎"弃学"，在家陪伴父亲，所以见到不少父亲的故友。许多人多年不见，跑来探望，好像是见最后一面的意思吧。八十年代是思想开放的年代，社会和人心，都颇旺气。谈话就少了暮气和顾忌，似乎要把憋了长久的恶气吐出。这位张姓老同学临走时，再三对我父亲说，以后你儿子到南京来，就找我！父亲和我都很高兴。

转眼，父亲没了。我毕业后在出版社做编辑。有一次，去出版局办事，遇到一位长者，谈话间竟然发现，她也是父亲的老同学。巧的是，说起了张先生，得知我将要结婚，准备去南京休假，等于是过蜜月的意思，便说，"去找老张吧！我替你找到地址"。想起张先生和父亲在病榻前亲切谈话的样子，我心里暖暖的。就这样定下了行程。

坐火车到达南京站，换公交车，到了明故宫西宫遗址边的国家第二档案馆外。原来以为是研究机构，不料门口竟有军人站岗，进入门房，门卫严肃而冷峻，告诉了要见张先生。打了电话进去。等半个多小时，张先生来了，和门卫低声下气地打招呼，才将我们领进大楼。这是一片仿古建筑，到了楼上，张先生要我们坐，随后说，"我要去联络总务处安排。"我和妻子面面相觑，因为通了两次信函，没有想到事先并无安排。张先生一去而有半小时，进门时有点喘气，出汗。

他轻声说，"嗨，说了老半天，总务处同意你们在招待所租房。"我有点不知所措，心情有些异样。也许张先生都忘记了我们为何而来，拿着礼物怔怔的，放到桌上。便没有一句关于我是来南京度蜜月的话。

来到了招待所，交费用，上得二楼。张先生拿着钥匙，开了门，我和我的妻子，便又添了一惊。原来，这间房子只有两个单人床，连窗帘、门帘也没有。此外，四壁而已。张先生在一边轻声说道："招待所在整修，这间房也是好不容易说来的。"

我们的蜜月就是在这个中国历史档案馆某个角落，准确地说，其外围的一隅度过的。我们对南京这个大气中蕴含细腻的城市，留下了美好的印象。采石矶、明遗址、秦淮河，虽然老旧，但遗韵犹存；鸭血汤、锅烧饼，是早餐的最美；理发店舒服地刮胡子，一洗风尘。

临别南京，仍去档案馆向张先生告别。电话打进去，说休假了。于是，只得不辞而别了。

这个档案馆的收藏，是 1912 年到 1949 年民国历届政府的文件。中华民国在大陆的历史，在此间一个个的收藏室里，黑字白纸，有凭有据。在那个被描述为"旧社会"的三十多年间，风流人物，层出不穷，近代以来，可数的中国知识界和思想界的大师，无不是那个旧时代的俊彦，无论是本土出身还是外洋海归的。如此风流，这般潇洒的读书人，如今安在哉？

以后的许多年，我一直在回想这位张先生，新中国的知识分子化身：多一事不如少一事，避免麻烦太多；洗脑过久，从知性的敏锐而变为感觉的麻木。反省自己，原来也在这样的怪圈里呢：明明有自由选择的权利，却接受父执突如其来的好意，将自己的蜜月这样的私人事件和某种关系放在一起。还有要命的面子，觉得事情并不如意了，还是勉强持续，不图改变。最后为难了自己，也委屈了新婚的妻子。这几年，我想起张先生，又觉得他与初见面时判若两人。或者，他正处于某种难以言喻的困难之中？天意难测，世事多变，人生奈何！

其二·性、自由、以及文藝

看纽约时报讣告，宛如去墓地散步。大选之年，想起早几年看到安吉丽卡·加内特夫人(Angelica Garnett)的讣闻。安吉丽卡是和英国文学、艺术团体布隆斯伯利（Bloomsbury）最后有关联者，于2012年去世，享年93岁。她曾有回忆录"为善良所骗：在布隆斯伯利的童年"问世；讣告称，她以一个儿童的眼光，写尽当年以性、秘密、艺术和名声之混合而著名的小圈子，那种令人颠迷失魂的黑暗魅力。布隆斯伯利是她一生行走的影子。

书中描述了安吉丽卡的母亲、画家凡妮莎·贝尔，凡妮莎的姐姐、著名作家弗吉尼亚·沃尔夫被众星拱月的光景。这是一个自我陶醉的小圈子，艺术至上，性之乐其次，唯一的罪过就是行事为人太过平常。安吉丽卡周围的成人除了母亲、姨母，有她一向认为的父亲贝尔，还有她真实的父亲邓肯。

当然，这本回忆录的特别引人注目之处，就是她的婚姻：她嫁给了她父母圈子里的人，年长她一倍有余，而且是他的生父的情人！

安吉丽卡出生于1918年圣诞节。她一直以为，她的母亲凡妮莎的丈夫就是他的父亲。其实，她的生父乃是邓肯·格兰特，同性恋画家，一度是凡妮莎的情人，后来一直和贝尔一家住在同一个屋顶之下。安吉丽卡是凡尼莎和邓肯的结晶。据说，安吉利卡名义上的父亲西立佛·贝尔很鼓励妻子和邓肯交往；这种不为世俗之见所拘束的生活态度正是布隆斯伯利派的宗旨之一。

安吉丽卡是在大人们乱哄哄的高雅美学氛围丽长大的。往来无白丁，她见到多常客包括传记作家李敦·史屈切和后来大名鼎鼎的经济学家约翰·凯恩斯，加上弗吉尼亚·沃尔夫，当然是在她1941年自杀之前。

安吉丽卡终于步母亲的后尘，成就为一个画家，虽然名声并不卓越。她17岁那年，凡妮莎告诉了女儿真相，谁是她的生父。"我那时并未意识到，寻求完美父亲之梦占据了我的心思，终身伴随。"安吉利卡在回忆录中说，"我的婚姻就是这种寻求的延续，而且几乎吞噬了我。"1942年，安吉丽卡23岁，她嫁给了戴维·加内特。加内特50岁，是一个作家和出版家。据说，加内特和安吉丽卡初试云雨，就是在20世纪科幻小说之父H·G·威尔士的空闲卧室之内。加内特是安吉利卡生父邓肯的情人，也曾经想讨安吉利卡母亲凡妮莎的便宜，遭到拒绝。如今安吉利卡要和他结婚，圈子内的人都不敢明劝，只有凯恩斯说了几句含糊不清的劝告，但安吉利卡哪里听得进去。有人八卦说，加内特和安吉丽卡接近并结婚的另一层目的，就是要和安吉丽卡的生父家邓肯·格兰特陈仓暗渡，而且对凡妮莎还不死心。安吉丽卡成了同性恋一方面存在，一方面暧昧躲闪的受害者。

在她的回忆录出版后的一次访谈中，安吉丽卡·加内特说，她忍受伤痛写下往事，乃是希望后辈不再有布隆斯伯利派一般的离奇境遇。"每个人的成长过程都有其难处。甚至我的孩子也一样，即使我是一个称职的母亲。"

同性恋作为个人和集体的存在，可以说是西方艺术和美学创造和表现之主旋律外，不离不弃的副旋律。如果布隆斯伯利派文化人的性倾向是自由主义的一种表现的话，那么，21世纪的今日对于这个人群的关注和尊重，更是自由主义和多元化的表达了，且登堂入室为最高法院认可了。美国大选前夕聊起这段历史，相信保守和自由双方对于自己的信念，都有更多的话要说。同时，彼此是否有坚决维护对方发言权之心？今年的大选似乎对此带来了不确定性。

苏格兰旅行笔记

庭柯（纽约）

（一）《苏格兰交响曲》的灵感

伟大的德国作曲家门德尔松的 A 小调第三交响曲，通称为《苏格兰交响曲》《Scottish Symphony》，完成于 1842 年间。据说他在英国做了一系列成功演出后，同友人一同去苏格兰休闲旅行。他们一行来到了爱丁堡造访了荷里路德宫（Palace of Holyrood House）和修道院（Holyrood Abby）废墟。据作曲家自述他在遗迹处萌发了创作灵感甚至还为《苏格兰交响曲》开首的主题打下了草稿。

这次在苏格兰旅行，我们在爱丁堡逗留数日，领略了这座古老城市的悠久历史文化，同时又看到阳光下古老城市中的多元，繁华与文明。爱丁堡最有名的大街莫过于皇家大道（Royal Mile），大道西端是山顶上的爱丁堡城堡，俯瞰全城；东端则是荷里路德宫，两端之间的距离也就是个（Royal）一英里。这算得上是爱丁堡最热闹最有故事的地段。

荷里路德宫是英国皇家宫殿，门前的大草地上就有喷泉的石雕，大门顶上是个皇冠，镶嵌着一口钟，代表着至高无上的权威。皇宫里面很大，修缮保养良好，因为这里仍是英国皇室每年到爱丁堡来的夏宫，在此举办仪式和活动的地方，说来就是现役皇宫。现役皇宫除了招待英国皇室人员每年来一周左右，其余时间对外开放。宫殿里陈列着几代国王画像，精美家具，有故事的挂毯和年表，妥妥的皇家风范。

荷里路德宫曾经居住过不少赫赫有名的国王和女王。最著名的要数苏格兰女王玛丽（Scott Queen Mary）。这位出生6天就接王位的苏格兰玛丽女王不仅在此住过爱过，还发生过惊悚的场面。门德尔松在信札里这样写道：

"日近黄昏时，我们来到荷里路德堡，玛丽女王居住、恋爱的地方。那里值得一看的是爬上迂回的楼梯后，可看到一间小屋。当年追踪者爬上楼梯，在这里发现李吉奥（David Rizzio），硬将他从屋里拖出，在隔了3个房间的拐角处将他杀死。四周的东西已经朽坏了，从中还可以望见蓝色的天空。我今天就在这间古老的房子里，找到了《苏格兰交响曲》的灵感。"

而主导这场谋杀的正是玛丽女王充满醋意的夫婿Lord Darnley。听来是宫斗戏码，却是有根有据的历史记载。看得出门德尔松对这位玛丽女王充满着同情心。这位有争议的女王最后没有逃过被砍头的下场。而女王唯一的血脉后来又同时成为了苏格兰国王（James VI）和英格兰国王（James I）。从皇室年历表中可以看到皇室繁衍后代中来到了维多利亚女王时代。女王和阿尔贝特王子也光临过荷里路德宫并下榻于此。有趣的是门德尔松完成了《苏格兰交响曲》后，把它献给了维多利亚女王，还亲自指挥了首场演出。

紧挨着皇宫是修道院废墟。荷里路德修道院又称圣十字修道院（rood有十字的意思）。传说12世纪时，大卫一世（David I）在此打猎，遇到狂鹿袭击，就在者关键时刻，金光闪闪的十字架出现在他面前，使他化险为夷，于是他下令在这里建造了圣十字修道院。1500年，苏格兰国王詹姆斯四世（James IV）把修道院的客房改为皇宫。所以皇宫和修道院紧挨着。据说修道院的屋顶倒塌来自于一场暴风雨。除了风风雨雨，修道院在过去的几百年中经历沧桑，在16世纪还遭受革命党克伦威尔的炮轰，当过兵营。眼前的修道院可谓残墙断垣，却仍掩不住昔日宏伟的风采。外部保存着塔楼的秀美与精致，连环的拱门和廊柱显出设计与工匠的精心打造，美丽的圣坛墙透着蓝天白云彰显着圣洁与悲悯！最精彩的一幅画莫过于法国艺术家路易·达盖尔(Louis Daguerre)的《荷里路德教堂废墟》（The Ruins of Holyrood Chapel）描绘了月光下的废墟残墙。

如果这里石墙可以言语，那么块块石板都会告诉你修道院曾经的辉煌与庄严，它是苏格兰议会、加冕典礼、皇室婚礼之场所以及皇室陵墓的所在地，何等的荣耀啊！试想一下，当年门德尔松也是这样漫步，眼前那些年久失修的栏柱，空旷的走廊，聆听着同样的历史故事，修道院废墟画作中肃穆和清冷…作曲家被历史的气息激发了，飞翔的思绪化为音乐语言写进了交响曲。

荷里路德宫还有一个硕大的荷里路德公园，虽然是暑天却没有烈日当空，我们舒畅地漫步绿草如茵的花园里，远眺休眠火山状如狮子，山顶被称为亚瑟王宝座(Arthur's Seat)，其实小山只有186米，可以爬山登高，可惜我们没有时间这次徒步行走了。当年门德尔松还画了一张速写草图，描写从山上望下来的场景：可以看到羊和农家，苏格兰的风情。

有人评写过门德尔松的《苏格兰交响曲》，交响曲用小调完成就意味着有缠绵和忧伤的内容，用音乐呈现出画面，苏格兰！门德尔松音乐中有古老风笛的旋律，有暴风雨，有高地广袤无际的寂静…浪漫与柔情。

爱丁堡荷里路德宫浓缩着历史，并且还在延续，今日的点点滴滴又会成为明天述说的历史，这是一块瑰宝，值得一访！

(二) 从《My Bonnie》这首儿歌说起…(我的邦尼)

这首儿歌几乎我的朋友们都熟悉，起了个头还都会接着哼唱起来。儿歌嘛，容易上口！或许是流传的缘故，从也就没有细想过这是首苏格兰民歌。唱词中我的邦尼，可以是我的宝贝，我的邦妮，我的邦尼…根据歌唱者心中所寄托的人。

这次在苏格兰旅行，抵达苏格兰高地因佛内斯（Inverness）地区，来到了卡洛登古战场（Culloden Battlefield）。展现眼前平坦开阔的大草原，平静安宁。然而1746年4月16日的那场枪炮交战，喊杀连天，血腥涂地战役都已成过往烟云，不复存在，眼前的只留下墓碑，石堡与茅屋。

从展示厅的介绍中我稍补了些课，连个略知一二也谈不上。骁勇善战，爱好自由的苏格兰人一直为自己民族的独立奋斗不息。由于宗教、历史、宗派和各种错综复杂的因素，苏格兰和英格兰之间就是宿敌，有化不开的冤仇。

这次战役苏格兰方面也称为雅各宾/詹姆斯军（Jacobin/James）拥戴皇族查理·爱德华·斯图加特（Charlie·Edward·Stuart）由他指挥。这位指挥又被称为"美王子查理"（Bonnie Prince Charlie）（图一）。英格兰方面由乔治二世的幼子坎伯兰公爵指挥的红衣军（Red Army）。于是，1746年4月16日雅各宾军队与红衣军队在卡洛登沼泽地对峙，战斗开始，最后以查理率领的雅各宾军大败告终。

虽然查理指挥的苏格兰雅各宾战士冒着皇家军队的炮火发起冲锋；虽然勇敢的苏格兰高地战士吹着风笛前仆后继；但是坎伯兰公爵指挥着英格兰红衣军以装备精良又以先进的刺枪术击退一批一批向前进的雅各宾军队。其实双方在兵力上不算悬殊，但伤亡人数相差很大。胜负很快见了分晓。据说战斗只持续了40多分钟，苏格兰高地战士近2000人伤亡，而红衣军才50人。残酷的公爵下令处死俘虏，并且还继续追杀支持查理的苏格兰人。虽然查理王子之前率苏格兰雅各宾军队节节胜利，长驱直入，快接近伦敦，然而他后续不仅在战略乱了章法，在战术上失误连连，所以败下阵来，在卡洛登战场遭受到了他的滑铁卢。其深远的意义还在此战役彻底毁掉了苏格兰高地氏族社会，意味着中世纪以来骑士游侠时代的结束，此战役也是英国本土最后一次激战。

战场上的硝烟早已无迹可循，有座醒目的石堡型墓，上面写着："1746年4月16日在这片旷野上发生过一场卡洛登战役，这里是年轻高地人的坟墓，他们为苏格兰和查理王子而战，将永垂宗族史册"。古战场上有不少墓碑，不远处英国兵的碑，墓碑上的字开始模糊不清了。苏格兰全国基金会立的告示概括了所有：卡洛登战场是战争的坟墓，敬请献上尊重。蓝天白云在上，白骨累累地下，天地之间生命诚可贵，向生命致敬！

再说说那位苏格兰高地人为之而战的查理王子。那天他全身撤离战场，辗转到了法国，从此再也没有踏上苏格兰的土地。但是苏格兰高地人思念着他以前领导大家起来反抗与获得过的胜利。在卡洛登之役后,苏格兰雅各宾人虽败犹荣。多年来,邦尼查理王子成为英勇但注定失败的象征,听去十分悲壮!

My Bonnie

My Bonnie lies over the ocean
My Bonnie lies over the sea
Oh bring back my Bonnie to me
Bring back, Bring back,
Oh please bring back my Bonnie to me

(我的邦尼
我的邦尼在海那边,我的邦尼在海那边。
哦,把我的邦尼还给我。
带回来,带回来,
哦,把我的邦尼带回我身边。)

据说这首儿歌灵感源于这位邦尼王子,朗朗上口,流传甚广。唱着唱着,渐渐地歌词中的邦尼已换了角色。确实美王子查理永远也不会回到苏格兰了!但是歌声唱出期盼着心中爱人回到身边那一天。

休闲时间与导游迈克闲聊起这首家喻户晓的儿歌,他开始哼鸣起来…

我们继续深入苏格兰高地,到过天空岛(Isle of Skye),当时还不知道以下这首歌

《The Skye Boat Song》。原来Bonnie王子逃离战场后,改装成一位爱尔兰妇女,躲过了英国士兵,划着小船到了高地的天空岛,然后再去了法国。有趣的是多年后一位英国人爵士按着苏格兰盖尔可语和苏格兰划船歌的版本添了词,深受苏格兰人喜爱。

Skye Boat Song

Speed, bonnie boat, like a bird on the wing
Onward, the sailors cry!
Carry the lad that's born to be King
Over the sea to Skye.
Loud the winds cry, loud the waves roar,
Thunderclaps rend the air.
Baffled our foes stand by the shore.
Follow they will not dare
Many's the lad fought on that day
Well the claymore could wield,
When the night came silently lay
Dead on Culloden's field.
Burned are our homes, exile and death
Scatter the loyal men.
Yet ere the sword cool in the sheath
Scotland will rise again!

（天空船歌
加速！邦尼的船如鸟展翅飞，向前，水手们大喊着。
……
狂风怒吼，巨浪怒吼，雷声划破长空。
……
忠诚的人们四散。
然而，在剑鞘冷却之前，苏格兰将再次崛起！）

查理王子后来没有当上国王，他就永远定格在 Bonnie Prince Charlie。

原初之途

曾昭满（纽约）

  艺术对我来说与其是体现一种观念，不如说是一种情结。当我从受艺术教育到自由创作时，自然溯源记忆中那些刻骨铭心的片刻。

  最早的记忆推到三岁多，记得在一九七六年的春天，妈妈要走长途去父亲船队停靠的地方，要走几十里毛马路，由表哥护送，挑着箩筐，一只箩筐里放着冬瓜南瓜，另一个箩筐里放着我。拖拉机擦筐经过发出震耳的轰鸣，把我从昏睡中惊醒。山与山之间引水的石拱桥下飞跨天穹，经过采石场，我们提前被吆喝停留，而后耳闻爆破声，看见惊鸟一样飞翔的石块，最后是石块不断下落的撞击声。我不知道这印象多少是缘于目击还是依赖后来想象的介入，以及格物式一次次重新审思。拖拉机、毛马路、采石场构成的原初震撼在二00六年的某一天才得用油画、水墨、诗歌回应，从相逢到表达三十年过去了，而后不觉画了二十年，经过打石场、桃花源、巴比塔、城市，或在一只青蛙的视角从一片萝卜叶下窥见飞驰的拖拉机。从春日开到冬日的雪原，或在黑夜中独行，或冒着白烟在青山绿水之间驰骋，一群穿背心的少年追随着它，"他们是谁？他们在干什么？他们要去哪里。"

2024年8月7日

曾昭满作品之一 --->

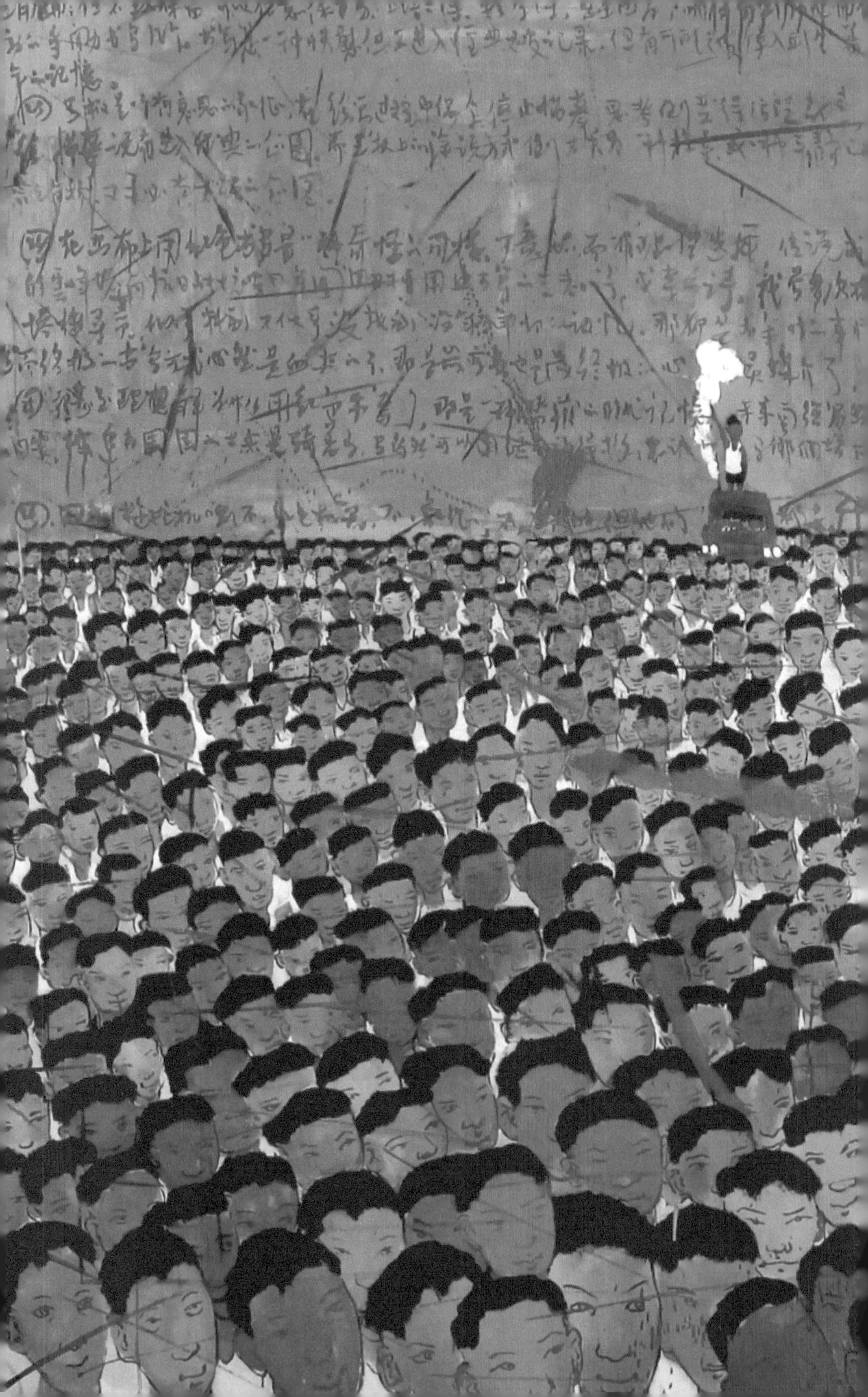

①高致270
①注：演说者说的话当然也是一件考虑一下的事
②希特勒演讲是那么地使用他的口才
③他们群众都似乎并非某种逻辑，而仅仅依靠的号召力，神秘力量 或是他其他
在"同情忍"的。
④为什么，他们是许多的人聚集，不似画说是一个人的化身、是演说者及是愿
看他们他们不是一个瞬息的姿态，一阵难掩抑制的沉默。
⑤他们只是持定什么的，种姿势。
⑥再异样，希尔克湖，托拉杯的贵……周的或许个是一个代取消了他
我们他的扯扯机克来一起……布鲁同像他们的脸，专装伤脱了
的斗争。
⑥这也就是一阶 旌红，我就影子抛给木话且正……
⑦我反而觉得全低吧，当我看一个句动，那坏幻想出事现象，童至……

曾昭满作品之二

www.ingramcontent.com/pod-product-compliance
Lightning Source LLC
LaVergne TN
LVHW041811060526
838201LV00046B/1219